目　录

第一章　网格与网格化

一、网格 /1
二、网格与社区、小区的关系 /2
（一）社区 /2
（二）小区 /5
（三）网格 /7
三、网格化 /9
（一）网格化是一种普遍实行的管理与服务方法 /9
（二）网格化的一般特征 /14

第二章　网格化社会治理

一、网格化社会治理的原则 /18
二、网格化社会治理的基本任务 /23
（一）社会管理 /23
（二）社会服务 /26
（三）助力自治 /31
三、网格化社会治理的条件保障 /34
（一）网格划分是基础 /34
（二）信息技术是支撑 /35
（三）网格员是关键 /38
四、网格化社会治理的功能 /38
（一）社会治理机制创新 /39

（二）维护社会稳定 /39
（三）满足居民需求，提高居民自治意识和能力，提升居民幸福感水平 /40

第三章　网格化社会治理的现实背景

一、中国社会总体稳定 /46
二、社会风险与不可预期性增加，维护稳定是长期需要 /48
（一）风险社会是全人类共同面临的挑战 /48
（二）中国社会的风险因素将长期存在 /49
（三）中国社会维护基层社会秩序的机制需要重构 /50
（四）价值观多元化带来的风险 /51
（五）各种心理和行为异常问题不断出现 /52
三、精细化管理与服务是大势所趋 /52
（一）精细化管理与服务是现代管理的基本发展方向 /52
（二）基层社会服务必须适应居民需求多元化和个性化趋势 /53
四、现有的基层社会治理机制必须进行创新 /55
（一）社区规模大，治理社区像治理城市 /55
（二）社区过度行政化问题仍然比较严重 /55
（三）社区管理和服务方法落后 /57
（四）社会治理多元化格局尚未完全形成 /57

第四章　网格化社会治理的历史经验

一、国外的基层社会治理 /63
（一）基层自治 /64

（二）社会组织 /66
（三）依法治理 /70
（四）社会管控 /71
（五）信息化 /73
（六）国外基层社会治理的启示 /75
二、中国传统社会的基层社会治理 /78
（一）家庭和亲属关系 /78
（二）邻里治理传统 /80
（三）正式的基层建制 /83
三、乡村建设运动的历史经验 /84
（一）基层社会治理的效果要建立在经济发展基础上 /84
（二）社会治理的顶层设计十分重要 /85
（三）居民自治的难度超乎想象 /85
（四）社会治理需要尊重地方文化 /86
（五）以人民群众的利益为本 /86

第五章　网格化社会治理的当代实践

一、北京的网格化实践 /91
二、宜昌的网格化实践 /93
三、上海的网格化治理实践 /98
（一）上海城市网格化综合治理现状 /98
（二）城市网格化上海治理模式的发展展望 /100
四、南京的网格化创新 /101
（一）领导机构与政策 /101
（二）网格划分 /102
（三）网格员队伍建设 /103

（四）网格化工作阵地和网格员工作条件建设 /105
（五）信息化建设 /105
（六）其他网格化社会治理工作及其效果 /106
五、网格化实践的经验 /108
（一）党委领导、政府负责的社会管理 /108
（二）五社联动 /109
六、网格化实践中面临的问题 /114
（一）对网格化的认识问题 /114
（二）“重维稳、轻服务”和“自治”的问题 /114
（三）网格化社会治理如何实现有效地齐抓共管问题 /115
（四）网格员问题 /115
（五）一体化信息平台 /116
（六）网格化治理主体多元化不足 /116

第六章　优化网格化社会治理机制的建议

一、重新定位社区网格化治理 /122
（一）转变治理理念，重塑网格化治理主体 /123
（二）构建政府引导、联动职能网格服务治理体系 /126
二、加强社区网格化治理的工作保障 /127
（一）加强网格员队伍建设 /127
（二）搭建治理平台，增强科技赋能 /128
三、培养居民参与社区网格化治理的意识和能力 /129
（一）坚持党建引领 /130
（二）增强居民社区意识和自治精神 /130
（三）积极培育社区居民参与社区网格化治理的能力 /134
（四）加大社会组织培育 /141

四、健全社区网格化治理运行机制 /142
（一）健全各项工作机制 /142
（二）推行精细化管理制度 /143
五、构建高效的群众诉求联动响应体系 /144
（一）建强规范化网格服务管理中心 /144
（二）建立智能化应用平台 /144
（三）健全科学化运行机制 /144
六、形成有力的网格化社会治理组织保障体系 /145
（一）强化组织领导 /145
（二）强化部门协同 /145
（三）强化工作保障 /145
（四）社会工作参与社区多元治理 /146
（五）营造良好氛围 /146

第七章　网格化社会治理中社会工作介入实践

一、社区网格化治理中社会工作介入服务的理念 /155
（一）弱势优先、助人自助 /155
（二）社区为本 /156
二、社区网格化治理中社会工作介入服务主体 /156
（一）政府 /156
（二）居民（村民）委员会 /157
（三）社区居民 /158
（四）社会工作者 /158
三、社区网格化治理中社会工作介入实践 /158
（一）社会工作介入提升社区网格化治理专业性 /159
（二）社会工作介入提高社区网格化治理精细化 /171

第八章　社区工作者（网格员）

一、社区工作者的涵义及使命 /186
（一）什么是社区工作者 /186
（二）社区工作者的使命 /187
二、社区工作者的素质修养 /188
（一）社区工作者政治素质 /188
（二）社区工作者的道德伦理素质 /189
（三）社区工作者的知识素养 /190
（四）社区工作者的能力素养 /192
三、社区工作者的人际关系 /199
（一）人际关系概述 /199
（二）如何处理好与领导的关系 /200
（三）如何处理与同事的关系 /201
（四）如何处理与居民的关系 /202

附录：江苏省城乡网格化服务管理办法 /204
后记 /214

第一章　网格与网格化

一、网　格

本书所探讨的网格是指社会生活中的一种人类群体形式，是由相邻的住户或单位构成的社会区域，不同于地理学或通信科学所说的网格。

社区网格化起源于 2004 年在北京东城区推出的万米网格城市管理。它的主要目标是维持城市的管理。它根据社区特点，按标准将网格划分为小网格，后者是最基本的管理单元，而网格化管理是通过引入现代技术对单元网格中的事件进行重新管理的过程。[1] 网格化管理依托现代信息技术，在解决城管资源分割、信息差、协调差、效率低等问题上发挥了重要作用，逐渐成为地方政府创新社区治理的新模式。[2]

[1]　叶岚：《大城市网格化管理研究》，人民出版社 2019 年版，第 4 页。

[2]　王名、杨丽：《社会管理创新的“网格化”体系探析——以重庆市巫溪县为例》，载《探索》2012 年第 1 期，第 136—141 页。

网格化社会治理所指的网格，是一种人为划分出来的以地缘为纽带的管理服务单位，严格来说应该是社区网格。社区网格强调的是“格”而不是“网”，它是为了实施精细化管理和精准化服务而对社区进一步细化的结果。

网格和社区、小区是紧密联系又有所区别的几个概念。

二、网格与社区、小区的关系

（一）社　区

社区是一个实践上和学术上都通用的概念，在社会学的概念体系中，还没有哪个概念像社区这样被人们广泛应用。

社区是社会学家使用最多的一个词。同时，它也是概念中最复杂、最模棱两可的词汇之一，这从概念产生时就是如此。学者们普遍承认，社区（共同体）的概念起源于德国社会学家滕尼斯的贡献。自滕尼斯在1887年出版的《共同体与社会》以来“社区（共同体）”日益成为社会科学领域中的一个极为重要的概念。

关于什么是“社区”，不同人有不同界定。从社会工作的角度，我们认为：社区是生活在一定地理区域内，具有共同关系、社会交往和服务体系的一群人。综合地说，社区有以下特征：

1. 社区是一个人群，他们住在相互邻近或者衔接的地区，彼此常有往来。

2. 具有多方面的共同利益，彼此需要支援。

3. 具有许多共同的服务，如交通、学校、商店等。

4. 有相同的生活方式和文化。

5. 有多种共同需要，如生活的、心理的、社会的。

从社会工作的角度理解，社区包括三个含义：

1. 社区是工作场所和环境。社会工作者可以依托“社区服务中心”和“社区服务站”，了解社区居民和服务对象的生活环境，掌握问题、资源和文化背景，为他们提供多元化的服务。

2. 社区是一个相互关爱的网络。社区可以满足社区居民在生活、心理、情感、社会等多方面的需求，因此，社会工作者将重点发展和加强社区居民之间的互动和互助，提高居民的自助和互助能力，解决社区居民的个体问题，以及社区共同问题，提升社区居民的归属感和认同感。

3. 社区是影响社会政策的基础。由于社区居民面临着社区安全、环境卫生、基础设施等诸多共性问题，社会工作者从维护社区居民集体利益的角度出发，收集居民意见，反映居民利益诉求，争取资源，倡导政策或修改相关政策或措施。

不过，社会学的社区概念与实践中的社区略有不同，在社会学上，社区是社会区域的简称，指以共同居住为基本特征的人群所形成的人类群体形式，它不同于社会组织，也不同于社会阶层，强调的是共同居住以及建立在此基础上的社会关系和社会生活。社会学的社区不受人口规模、行政所属等限制，也不以是否有居民委员会为条件，只要一定数量的人口长期在这里生活，有共同的利益关系、频繁的互动关系和对区域群体的认同与归属感，就是社区。比如一个小山村、一个居民小区，都可以看作社区。

而在社会学以外，人们一般所说的社区，指的是法定社区或正式社区，一般需要这样一些条件：集中连片的居住区，人口需要达到一定数量，有经政府正式认定的边界和管理机构——居民委员会，有正式的管理服务队伍及其办公设施。

社会学的社区强调的是社会关系、群体活动和共同的社区文化，是自然社区，而社会治理实践中的社区，强调的是人口、边界和管理者等正式建制。

作为一个基层社会治理建制的正式社区，有着悠久的历史，今天许多城市地名中保留的“里”“坊”“厢”、农村的“社”“牌”“甲”等都是历代社区建制的遗迹。它是最低一级社会治理单位，历来受到国家的重视，是保证社会稳定、政令畅通和文化传承的基石。

需要指出的是，正式的社区治理本质上是由国家主导的基层社会治理，而不是真正来自民间的居民自治。因此，社区的正式组织也就不是完全自发的居民自治机构。我们今天的社区居民委员会(村民委员会)，在行政管理中属于居民自治组织，而不属于一级政府，在法律上是免注册的社会组织。但是，这改变不了社区居民委员会（村民委员会）的“半官方”性质，居民委员会（村民委员会）工作人员是拿工资的（虽然不同于公务员薪酬)，社区党组织书记、主任的任职均受到上级党政部门直接或间接的影响。社区居民委员会的职责和工作任务也是与上级党政部门相衔接对应的，所谓“上面千条线底下一根针”，社区居民委员会是国家与社会、党和政府与人民群众之间的桥梁。当代中国的社区治理是“自上而下”与“自下而上”相结合的一种体制，是符合中国社会实际的基层社会治理道路。

随着城市化水平的提高，居民休闲时间增多、人口老龄化、居民需求多元化，随着城市居住格局变化，陌生人社区大量涌现，面对面社区互动参与率下降以及吸毒、传销、邪教等社会隐患，社区的地位越来越重要。社区居委会也面临着双重压力，一方面要承接来自政府越来越重的各种“民生”工作任务和维稳任务，另一方面要面对居民越来越复杂的需求，要培育社会组织，发动和促进居民自治。

（二）小　区

在中国城市基层社会，还有一个与社区类似但又不同于社区的地域性群体，这就是小区。小区作为城市居民生活的基本空间，是国家城市社会治理的基本单位和神经末梢，是重塑社会关系、促进社会融合、实现社会团结的重要领域。

小区虽然不具有社区那样正式的“半官方”地位，但与居民的关系却很紧密，许多年轻的居民只知自己居住的小区而不知自己所属的社区，甚至有人说出“我住在小区不住在社区”之类的话。小区也叫居住小区或居民小区，是指在城市一定区域内、具有相对独立居住环境的成片居民住宅及其配套生活服务设施。和社区相比，小区具有如下特点：

1. 从规模上看：大多数小区的规模小于社区，这也许就是“小区”之所以叫“小”的原因。通常情况下，一个社区由若干个小区构成，少则 2—3 个，多则 20—30 个，少部分小区的规模等于社区，即一个小区就是一个社区。极个别的小区大于社区，一个小区分为多个社区。

2. 从空间结构上看：大多数小区在空间结构上相对独立，多表现为封闭或半封闭状态。封闭小区往往以围栏、防盗网、门禁系统、保安以及其他标识等形式分开小区内外，形成内外两个区域。而社区则是开放的。

3. 从功能上看：小区是以居住为核心的地域单位，满足的是居民（业主）对安全、安静、和谐的居住生活的需求，而社区的功能则复杂得多，包括购物、入学、休闲娱乐、政治参与、志愿者服务，等等。

4. 从管理上看：小区实施以物业管理为核心的管理，通常由物业管理公司以合同形式提供管理和服务，有的小区没有条件实施物业公司管理，但也会由政府协调托管。有的小区有业主委员会，其功能主要是业主维权等，是典型的自治组织，不具有政府性质。而社区有所不同，社区有正式的居民委员会。

5. 从居民归属感上看：小区是居民购买房屋时主动选择的，一开始就具有明确的小区意识，而社区是政府划定的，不是居民自己选择的；小区的环境好坏和物业管理水平与家家户户都有关系，而社区则不一定，所以居民更关心小区而不是社区；小区是居民的核心活动范围和主要休闲空间，停车、散步、遛宠物、老人带孩子玩，基本都是在小区内，因此居民对小区的归属感比社区更强，这就是许多人只知有小区不知有社区的原因。一个小区的居民，容易相互建立自家人的意识，而一个社区的居民，则很难建立这种意识。

6. 从文化风貌上看：小区的房屋建设水平和管理水平直接决定着小区的物质文化上的巨大差别，小区居民的人口构成和阶层分布也影响着小区的精神风貌，于是，不同的小区形成截然不同的小区文化，有的整洁有序，有的混乱无序，有的和谐，有的紧张，有的温馨，有的冷漠。而由不同小区组成的社区文化，则往往是一个大拼盘，很难形成一体化的风格，由社区居委会组织的所谓的社区文化建设，往往具有明显的人为特点，有形式无精神。

7. 从居民参与上看：小区居民的参与率高于社区参与。由于共同利益所系，所以小区居民往往容易形成共同话题，现阶段中国城市小区居民的维权行动，是最具行动能力的基层参与活动，也是基层最直接的民主自治行动。如今许多小区都有自己的网络议事平台，QQ 群、微信群成了最普遍的居民参与渠道。另外，小区由于规模小，举办邻里节之类的面对面活动也比较普遍，成为居民参与的常见形式。而社区不具有这些优势，社区活动往往因为居民关注焦点不同而形式大于内容。

可以说，小区在基层社会中的重要性并不亚于社区，它更贴近群众。在现代城市社会中，小区作为由居民联结起来的生活、利益和价值共同体，应该有居民表达诉求的机制和场域，有小区实现和响应居民诉求的内生组织，有相对紧密的人际网络，有共同利益诉求的集体行动，有共同的价值认同、共同的行为准则和价值规范。这在基层社会治理中尤其值得思考。社会治理是国家治理的重要方面，小区治理是社会治理的微观单元。小区治理见证了国家治理和社会治理的发展过程，也从“微观治理”的角度推动了国家治理和社会治理。

（三）网　格

网格是近年来基层社会治理的新概念，它不同于社区和小区。

作为一种社会单位的网格，具有如下特征：

1. 网格是地缘单位。不同于血缘群体和业缘群体，一个网格必须是地域上的一个完整板块。这一点完全不同于信息学上所讲的网格，在信息学中，属于一个网格的组件可能发布在相隔遥远的地理空间。也就是说，作为社会治理单位的网格，强调的是“格”而不是“网”，它与网络上的“群”有着本质的区别。

2. 网格是社会群体，不仅仅指地理空间。网格的划分是以居民户为依据的，划分网格的目的是社会管理与服务。因此网格不是单纯当作地理分析对象而存在。

3. 网格是人为的，而不是自然形成的生活单位。网格本身不是居住单元，既不是自然社区，也不是法律社区，更不是居住小区。它是网格化的结果，是政府为方便社会管理和服务人为划分的区域空间。网格的大小和边界都是人为设置的，比如南京市以300—500

户为一个网格，广州市以200户为一个网格。一般情况下，网格比社区小，而与小区相比，比大小区小，比小小区大。

需要指出的是，网格的划分并不是完全凭空想象的产物，人类的聚落形态，最早是自然形成的，由于生存的需要，以小聚居大分散为主，聚落不会自然形成标准的网格形状，但与网格类似，特别是城市聚落，有的城市出现了比较规整的网格结构，早期的是自然形成的，后来的是经过设计和规划的。中国古代城市中的“里”，类似于一个“格”，一里即一里见方，长宽各416米，面积约17公顷。春秋时期，五家为邻，五邻为里，一里约23户；隋唐时期，百户为里；明清时期，一里约110户，已经和今天的“格”接近了。国外的城市，许多实行街区制，芝加哥共有77个正式划定的社区，每个社区约3.7万人，这么大的社区，会存在许多管理的不便，所以，社区下又有人口普查区，每个人口普查区3000—5000人，人口普查区下还有街区群，是最小的地缘单位，约1000人。巴塞罗那的街区，每个街区面积大致相同，边长都在100米至120米之间，它们密布在街道上，把城市划成网格状。

图1-1　西班牙巴塞罗那的网格型聚落

现实中，像西班牙的巴塞罗那这样规整的城市居民区网格很少见，大多数在外观上是不规则分布的。

三、网格化

网格化概念本质上是一个管理概念，指将一定区域划分为几个网格，是对网格中的客体实行精密、准确、个性化管理或服务的一种方法。网格是人类在管理和服务方面的发明。所以，网格化概念通常都和管理联系在一起，网格化应该是管理科学的概念之一，网格化管理适用于各个领域。

（一）网格化是一种普遍实行的管理与服务方法

国内最早推行网格化管理的是城管部门，近年来，网格化管理与服务在很多领域和部门进行推广，取得了明显的成效，有的已经相当成熟。比如：

有线电视网格化管理：是指对特定市场和用户群按标准划分管理区域，细分营维客服单元，从而实现更高质量的服务的一种服务模式。通过网格的划分，可以明晰一线客服人员的责任，稳定客户与客服人员的关系，有利于绩效考核和成本控制。

供电服务网格化：指通过划分供电区域网格，实现更精准服务的一种服务模式。如一家公司将市区划分为 4 个区域电网，191 条中压配电线路划分为 15 个高压网格，2100 个配电网划分为 36 个低压电网，为 25 万户家庭提供全职电网服务。每个电力网格员和协管员可将供电任务连接到网格的服务管理平台，随时和客户在任何地方通过手机上安装的电力通客户端，为居民提供二十四小时的供电服务。

医疗卫生服务网格：例如，根据城市现有的管理体制和地理布局，以辖区内的居民和单位为服务对象，划分若干个网格。每2—3个社区网格对应一个医疗卫生服务网格区。在每个网格中配置医疗卫生服务队，实时采集网格内健康相关信息，为网格内居民和单位提供全覆盖、全方位、全过程、零距离的健康服务、卫生监督和应急处置服务，提高医疗卫生服务质量和效率。

学校安全教育网格化：如某市将全市教育系统安全监管责任和学校主体责任划分为市教育局、县（市）区教育局及市直属学校（幼儿园）、县（市）区属各中小学、幼儿园（含民办）三级安全管理网格，通过对每一个网格实行“定级、定格、定人、定责”，进一步细化落实安全管理责任，构建“横向到边、纵向到底”的网格化管理体系，实现安全监管不留盲区，隐患排查治理不留死角，保障教育安全健康发展。

食品安全管理网格化：如某县成立“食品药品和工商质监管理局食品安全网格化监管工作领导小组”，将全县管辖区域按管理所设置划分成10个监管网格，全面实行监管单位、监管人员负责，明确网格片区挂联领导责任、挂联监管单位和挂联人员工作职责，做到全局人人肩上有担子、人人肩上有责任、人人肩上有目标。局党组领导班子成员每人挂联一个监管网格，将机关全体人员作为挂联工作人员，合理分配到各监管网格，实现人人参与，共同推动网格监管工作的有效开展。

大气污染监控网格化：国务院办公厅印发《关于加强环境监管执法工作的通知》，要求市、县政府将行政区域划分若干环境规制网格，明确规制责任，实施规制规划。河北省等地已建成大气污染防治网格化精准监测平台。通过安装覆盖区域内所有空气污染源的微监测站，实现监测与监管的协调，实现对空气污染的精准监管。

地质灾害防治网格化：所谓地质灾害防治网格化管理体系，是指以县为单位、乡（镇、街道）、村、国土资源院、专业技术单位“四位一体、网格管理、区域联防、绩效考核”的网格化管理体系。坚持属地管理分级负责、预防为主与防治结合、群专结合与群测、群防相结合的三大原则，以镇为区、村为网格，全面排查单元内地质灾害隐患点，对每个隐患点实施数据化、规范化、动态化管理，实现“早发现、早预警、早处置”。同时要广泛开展防治宣传、演练工作，不断提高群众识灾、防灾、避灾能力。

野生动物监测网格化：比如，据媒体报道：青海省在三江源国家公园内实施网格化动物监测，彻底解决了多年未解决的野生动物数量统计问题。他们在监测区以 5 公里 × 5 公里为单位建立了研究网格 80 个，实现了监测的网格化管理；到 2018 年 7 月，有效捕捉到雪豹、金钱豹的珍贵图像上千余次，每三个月有效红外相机照片有十余万张。

据不完全统计，实行网格化管理的部门、领域或工作，至少有 40 个。

案例 1

人在网中走，事在网中办，长沙推进城管网格化

7000 多个摄像头织就“天网”，360 多个信息采集员遍布全市，12319 电话市民 24 小时可随时拨打，也可以通过手机 App“市民随手拍”及时上传信息……推进城市管理“数字化、精细化、智慧化”，长沙市城市管理监督指挥中心一直在路上。

建立健全完善的城市网格化工作体系，做到人员到网格、责任到网格、处置到网格、考核到网格、奖惩到网格。突出以蓝天保卫战为主要内容的网格化管理模式，立足于基层主动发现问题并按照问题的属性逐级解决。在原有数字化管理模式的基础上进一步完善工作流程，基于万米单元网格的数字化城市管理原理进行一次全面升级。

“以后的工作模式就是每个网格员拿着手机，在网格内移动巡查，发现城管和环保问题，通过‘移动终端’及时采集、上报、反馈，以及接收上级指令。”长沙市城市管理监督指挥中心绩效科陈俊杰介绍，根据《长沙市网格化城市管理信息系统升级方案》，升级以后的网格化系统内容包含“无线数据采集子系统”等九大标准系统和八大特色系统。

城管环保网格化综合管理平台受理案件分四类：A类案件，由网格员直接处理，B类为街道处置，C类为区直部门处置，D类为市直部门处置。此次升级，将使得区平台和街道平台具备案件登记、受理、处置、结案、评价功能，实现街道问题“微循环”，区级问题“小循环”，市级问题“大循环”。让小问题不出网格的同时，也让考核更精准、管理更智慧。（来源：《长沙城管发力网格化：城管环保融一起，一个格子管起来》，红网，2018年9月8日）

案例2

网格化天气预报

“网格预报”是一个新词，是指对每个网格进行的具体预报。就像地球的经纬度一样，我们可以把每个城市的面积划分成 5 公里 × 5 公里的网格，公众生活在一个又一个网格中，每个网格可能有不同的天气状况。

与原有的不动点预测相比，网格预测在空间上更精确、更有针对性。以北京为例，以前，整个城市的天气情况都是由南郊观测平台上一个点的温度和降水来代表，但通过网格预报，北京的天气不再是由一个固定点来反映，而是由城市的每个角落来反映。部分省份可以在时间尺度上实现“分钟级”天气预报。在空间上，可实现 3 公里、2.5 公里分辨率甚至更精细的预测。除了陆地，气象部门还将国家负责的海域划分为几个 10 公里 × 10 公里的网格，并对海上能见度和风力等因素进行了详细的预测。

根据介绍，网格划分提高了预测频率。现在可以在全国范围内预报 3 小时、10 天的天气，而不是每天只预报一个天气事件。公众可以随时了解他们所在的地方的天气情况，并可以查看温度、降水、风等天气状况。未来，气象部门的预报服务产品将从这张网中提炼出来，需要什么就可以从这张网中“提”出来。如果降雨量相同，无论你在北京的哪个地方，天气预报都将在 5 公里范围内。如果你在“网格”的南部，你会收到不同于你在北部，甚至是在“网格”西南或东南的一小段距离的预报。准确的预测可以避免不必要的恐慌，限制谣言的传播。

记者从国家气象中心获悉，精细化的网格预报，将在今年底前实现业务化。随着气象科技的发展，网格半径会越变越小，预报的精细化程度会越来越高。（来源：《人民日报》2017 年 7 月 29 日）

（二）网格化的一般特征

众多领域和部门不约而同地实施网格化管理与服务，主要的原因是因为网格化具有和以往的管理模式不同的优势：

第一，边界清晰，责任明确。横到边纵到底的网格划分，彻底解决了以往由于边界不清楚导致的盲区或争议区，消灭了“三不管”地带，属地管理办法也解决了因为户口、单位等因素而造成的管理服务困难。一个网格明确一个网格员的管理方法，使得人员与对象一一对应，解决了以往“大家都管、大家都不管”的问题。

第二，精准把控，精细服务。由于网格通常不会太大，所以网格员基本能做到对网格内所有对象的把握，情况全掌握，过程全清楚。如城管网格化，每个网格员对自己网格的所有部件，小到一根电线杆、一个窨井盖都不放过。尤其是现代监测技术进入网格，更增加了管理的精准程度。

第三，服务效率更高。这得益于网格服务人员责任划分，以往的服务往往以服务中心为圆心，向外呈现出服务实例和质量递减的规律，距离服务中心近的得到更好的资源。网格化去中心化，让服务人员分布到所有网格，从而大大提高了服务效率和公平性。如有线电视服务网格，每个营服人员常年服务于一个特定网格，对网格内用户的情况掌握得很细致，连谁家的电视什么牌子、谁家的线路有什么隐患，都烂熟于心，所以在排查故障等方面的效率就明显高于以往随意派工作人员的情形。

第四，内部管理更有效。网格化和数量化紧紧联系在一起，小网格和大网格联系在一起，网格员的工作和后台联系在一起，特别是信息技术的普及，使得网格员在一线的工作数量和质量都能够得到及时的反映和统计，内部考核变得简单而科学。

正是基于上述的优势，网格化几乎成了一种趋势，在许多领域进行复制和应用。网格化理念从城市部件管理、事件管理拓展到社会综合治理，有利于加强公安、民政、计生、卫生、人社、房管、工商等部门间的数据共享，建设人口库、房屋库等城市基础数据库，打通部门间的“信息通道”，搭建开放式的城市管理综合数据服务平台，整合更多政府部门联合管理。

第二章　网格化社会治理

所谓网格化社会治理，就是把基层社区划分成若干责任网格，将人、地、物、事、组织全部纳入具体网格，每个网格涵盖一定数量居民户并安排相应专职网格人员负责管理和服务。利用现代信息技术，他们可以全面快速地完成网格中人、事、物的基本信息采集，以及综合管理、劳动保障、民政服务、计划生育、城市管理等职责。网格化社会治理的基本任务不仅包括基于人口信息采集和隐患排查的社会控制，还通过网格为居民提供服务、引导居民参与社区管理、实现居民自治。

案例 3

网格化社会治理　南京多部门统一入网

2022 年发布的《江苏省“十四五”城乡社区服务体系建设规划》中提到：要完善网格化社会治理机制，深化“精网微格”工程。近年来，南京也围绕“网格”不断创新基层治理模式。

比如，雨花台区就多措并举，创新“全要素网格化社会治理”，服务辖区居民。

孙群是南京市雨花台区铁心桥街道景明佳园社区的一名网格员。前不久，通过“网格群”，她收到一位居民消息，称楼上住户家漏水，渗透到了自己家，但对方始终不肯出面解决。

了解到情况后，孙群连同小区调解员多次上门调解。除了网格员，调解员、律师也参与到协调中，给出一些合法合规的解决办法。最终，楼上住户同意出钱维修，这起矛盾也得以化解。

小区居民告诉记者：“有事情及时反映，他们就给我们及时解决。如果他们不来解决，这个问题不是越来越大吗?”

居民有问题，多方力量参与处置。近年来，南京市雨花台区铁心桥街道积极探索“全要素网格化融合发展”模式，把综治、派出所、城管、消防、环保等涉及基层社会治理的部门工作，统一纳入综合网格，实行“多网合一”“一网运行”，共建立了 126 个综合网格。

南京市雨花台区铁心桥街道景明佳园的社区网格员孙群向记者介绍他们的工作方式：每个网格员去建立一个居民微信群，网格员是群主。这个网格群里会有检察院的检察官、法官、律师还有警官等人员，还包括一些物业的工作人员。出现任何问题，群里的相关人员就会主动出来给予一定的解答。

江苏各地都在推进“精网微格”工程，建设“微网格”。以铁心桥街道为例，在原先 126 个综合网格基础上，再细分为 600 个微网格，每个微网格配备 1 名微网格员、1 名网格志愿者，配合网格员开展日常网格工作。

孙群表示，网格工作的人员力量得到了补充，平时工作更加得心应手。同时，配备的微网格人员都是从本网格居民中选出来的，对社区居民的基本情况也都比较熟悉。

有了网格，如何更好地监管，并让它更快、更好地发挥效果？近年来，南京市雨花台区将网格化服务管理中心与综治中心一体化规范建设运行，建成区、街“社会治理联动指挥云平台”。

在铁心桥街道网格化服务管理中心大屏上，每一名网格员的工作轨迹都可以“一键查询”，网格员可通过手机端“社区治理一体化平台”，在线完成采集信息报告情况和处置评价等各项工作。（作者：范思成，来源：荔枝网，2022 年 11 月 21 日）

一、网格化社会治理的原则

网格治理来自网格管理。社区网格管理有着悠久的历史。将网格化管理模式应用于社区管理是一种创新的管理模式。与传统的管理模式相比，网格化管理具有以下特点：首先，它将被动的问题发现转变为主动的问题发现，这是一种政府主动改变治理模式的管理模式创新。二是将传统的人力管理手段转变为数字化管理手段，主要体现在管理对象、管理过程和管理结果评价上，通过数字化手段实现管理的准确性和效率。三是实现了发现、立案、责令、移交、结案等一整套闭环管理模式，进一步提高了管理能力和水平。总体管理层次为镇街、社区、网格，管理内容为网格化事件。通过网格人员和网格管理平台，可以实现市区联动和资源共享。近年来，随着网格化管理暴露出的一些问题，网格化管理逐渐向网格化治理转型，以进一步应对治理主体和需求的多样化，以及政府在社会治理中面临的更为复杂的问题和挑战，从而进一步实现“党委领导、政府负责、社会协同、公众参与”的协同治理效果。

理解和把握网格化社会治理，需要抓住网格化的实质和基本原则。习近平总书记关于创新社会治理的“四化”思想，是网格化社会治理的根本遵循，即社会化、法治化、智能化、专业化。具体来说分为以下三个方面。

1. 社会治理原则

网格化是基层社会治理的一种探索和创新，它必须服从我国基层社会治理的基本原则和方向。从社会管理到社会治理，这是近十年左右党和政府在社会领域根本理念的转变，一字之差，内涵极其丰富。中国共产党十八届三中全会后，社会治理概念正式代替社会管理进入党和政府的主要文件，表明社会治理思想开始正式统领基层社会实践。

过去，“社会治理”主要体现在政府对社会的全面管理，强调政府权力和管理责任的独特性。社会治理强调以治理哲学为指导的社会管理，即在特定的地理范围内，多个行动者利用其权力来治理社会事务，以满足社会需求，确保社会秩序，实现社会善治的过程。

社会治理的基本原则是多元治理和法治治理。所谓多元治理，是指社会治理的主体是多元的，而不仅仅是党和政府。社区、社会组织、各类企事业单位、物业公司、居民……它们都是基层社会治理的主体，可以在基层社会治理中发挥各自的作用。法治治理意味着不应以无原则或非法的方式维护社会秩序。不能把基层社会治理建立在“摆平”“糊”的基础上。

网格化社会治理，网格是手段，治理是目的。坚持社会治理原则，对于网格化来说有着重要的理论意义和现实意义。

首先，从理论上讲，治理原则是当今世界的普遍原则。治理是操作程序的整合，包括国家与社会、公共与私人、机构与普通公民之间的互动与合作，最终目标是实现善治、实现人与人之间的高水平合作。治理理论具有三个特点：第一，多主体、多中心的治理结构；第二，突出合作；第三，坚持居民自治是基层社会治理基础的原则。治理理论主张国家的权力应该下放到各个层面。

公民不仅要作为利益既得者，也要作为治理执行者。人类社会正逐步由集团进入共同体时代，无论是国家之间还是基层社区，都需要建立共同体意识，共建共治共享。既充分发挥党委政府的领导作用，又支持和鼓励社会各界积极参与，增强了基层自治组织、企事业单位、社会组织和居民个人参与社会治理的责任。党的十九届四中全会指出，要完善“党委领导、政府负责、民主协商、社会协同、公众参与、法律保障、科技支撑”的社会治理体系，构建“人人有责、人人尽责，人人享有”的社会治理共同体。

其次，坚持社会治理原则，特别是坚持网格化中的法治化原则，有着现实意义。网格化绝不意味着人治，绝对不能把精准化和精细化变成技术监控和不讲原则地服务，如果那样，就是一种退步。现在，有人理解的网格化就是用技术手段和网格员实现无所不在的监视，这是一种错误的理解，在实践上也是极其有害的。技术监控也好，网格员细致服务也好，都必须在法治的范围内进行。依法治理是善治的重要组成部分。法治本身就是一项治理原则，根据这项原则，所有个人、机构和实体，无论是公共还是私人，政府官员还是公民，都要对法律负责，必须根据既定的、成文的规则和法律原则行使权力。

网格化社会治理要坚持多元化和法治化原则，强调这一点具有特殊的意义，因为在实践中，已经出现一些违背这一原则的情况。有人理解的网格化就是严格管理，甚至比以往更加严格的管控，国外一些舆论和国内一些认识对网格化的误解，也来自这一方面。显然这是对网格化的误解。一些从事网格化工作的人，也对网格化社会治理的实质缺乏全面理解，他们带着管控思维从事网格化，以为网格化就是维稳，就是治安防范，完全没有多元治理的意识，这是十分有害的。这也提醒我们，网格化社会治理，必须首先强调社会治理原则，违背社会治理原则的网格化必将使这一充满创新性质的社会治理走向反面。

网格化社会治理不是网格化社会管理，也不是网格化治理社会。

2. 精准化和精细化原则

网格化社会治理的本质是精准管控和精细服务。精准管控是指准确及时地掌握影响社会稳定的因素，精细服务是指对社区公共服务和居民需求作出详细准确的回应和满足。

精准化和精细化是社会发展到一定阶段后的必然要求。在经济和社会发展的初级阶段，粗放式和“大水漫灌”式的管理和服务比较适合，也能够发挥正常的作用，在社会治理方面，往往是一项政策、一个项目的出台，许多问题迎刃而解。但是，随着经济社会发展水平的提高，社会问题更加复杂，人们的需求根据个性化，分化是必然的，因此，管理也好，服务也好，都必须进入个性化、分层化、多元化的改革。这种趋势发生在所有的经济与社会领域，当然也必定会发生在社会治理领域。

网格化社会治理就是适应这种趋势而诞生的一种社会治理方式。网格，只不过是为了实现“双精”而采取的一种方法，网格化的实质不在网格，而在“双精”，对于这一点必须有足够的认识。以前的社区治理，由于各种原因，客观上存在着不够精准和精细的问题，社区管理和服务的“大水漫灌”现象较多，社区满足于基本服务和一般化掌握，对社区内不断变化的复杂情况和居民的多元化需求并不能做到心中有数，网格化就是为了解决这个问题而创新的一种方法。

在当前的网格化社会治理实践中，需要防止“把手段当目的”的问题。应该看到，在一些地方，存在这一种不正常的现象：人们把精力放在网格本身上，计较网格的大小、网格员的数量和身份、网格化技术装备与平台，网格化的形式主义有所抬头，有条件的要搞，没有条件的也要搞，似乎不搞网格化就不能进行社会治理了。实际上，只要牢记精准化和精细化社会治理方向，不一定都必须网格化或必须达到某种形式的网格化，在网格化社会治理问题上，一定不能为了网格化而网格化，拘泥于网格化的形式而忘记了网格化的最终目的和本质特征。

3. 智能化原则

智能化原则是指网格化社会治理建立在现代信息传播和智能化的基础上，而不是传统的人海战术，通过增加网格成员来实现社会治理。与以往的基层社会治理相比，网格化的突出特点是广泛运用网络技术和智能化，从而提高社会管理、社会服务和助力自治的效率。

网格化管理充分利用计算机网络技术，将冷网络思想融入充满人文氛围的社区治理中，使两者强有力地结合在一起，搭建两者之间的合作桥梁，实现信息资源的高度集成和共享，通过各网格之间的互动与协作，带动社区管理部门协同工作。[1]

[1] 参见郑士源、徐辉、王浣尘：《网格及网格化管理综述》，载《系统工程》2005 年第 3 期，第 1—7 页。

二、网格化社会治理的基本任务

按照网格化社会治理的原则和实质特征，网格化社会治理的任务包括社会管理、社会服务和助力自治三个方面。

（一）社会管理

社会管理是网格化社会治理的基本任务和内容。广义的社会管理，是指通过正式或非正式的手段约束社会成员的行为，从而实现社会秩序的机制和方法。按照广义的社会管理，所有的社会成员都是管理的对象。狭义的社会管理主要指对社会越轨行为进行约束、制裁和限制，管理对象主要是越轨者。社会管理是人类社会保持秩序的基本建构，在任何社会都是必不可少的。

网格化社会管理既有广义社会管理的含义，比如通过网格化，在法律范围内掌握所有社会成员的基础信息，就是广义社会管理的需要。不过，网格化更主要的任务是狭义社会管理，即对社会秩序的潜在危害因素进行监控和约束的管理。

网格化在社会控制方面的主要任务是：

1. 信息采集与维护

人口信息采集是网格化治理的基础工作，无论是政府对社会事务的管理、服务，还是社会组织开展的社会服务，都需要建立在准确的人口信息基础之上。现代社会，特别是城市社会，由于人口的流动率高，造成人口信息长期不能得到及时准确的掌握，给维护社会秩序和提供社会服务造成一定困难。网格化治理的一个基本工作任务，就是协助公安部门全面准确地排查基础人口信息，从而为社会治理打下基础。

人口信息采集包括基础信息采集和动态信息采集。基础信息涉及所有网格内居民，包括房屋、住户信息等，居民有义务配合网格员采集信息。动态信息指对人口信息变化的调查和登记，如出租户信息。

人口信息采集是一个涉及千家万户的工作，对于网格员来说，并不轻松，网格员往往会遭遇许多意想不到的困难。住户不愿意配合、拒绝提供有关信息是常见现象。但是，无论多大困难，保质保量地完成基础信息采集工作是基本要求。除了人口信息外，网格内机构与单位、社会组织信息、事件信息等也属于排查对象。

2. 隐患排查与巡防

所谓隐患排查是指对影响社会秩序和居民生活的任何潜在因素进行搜索、监视、调查和排除的工作。这是网格化工作的基本内容之一。主要包括：犯罪隐患排查、日常生活安全隐患排查等。

案例 4

家门口的消防员

最近的一个早晨，堆积在呈贡社区二号网格栗树下村一户村民家走廊里的杂物突然起火。火势猛烈，沿着门窗蔓延。当隔壁邻居发现火灾时，他立即打电话给网格员王静。就在附近巡逻走访的网格员王静、王玉兴、焦亚平三人接到消息后，立即赶到现场，组织邻居们一起去救火。由于救援及时，火势很快得到控制，没有造成人员受伤，也没有造成较大的财产损失。工作在外的王某夫妻二人得知后赶紧回家，查看财物，发现除一些杂物和门窗被烧毁外，房屋财产完好无损。这对夫妇激动不已，并一再感谢网格工作人员。“这是我们应该做的。你们应该注意安全防范措施，把易燃材料收起来。”网格员谦虚地提醒道。这一事件让居民真正感受到了网格员们在身边，总是默默付出。网格员也深刻认识到消防安全检查工作的重要性，并表示将以此为契机，在今后的家庭安全宣传工作中加强消防安全知识的普及，努力提高公众防火逃生自救知识水平，以实际行动保护人民权益。（来源：《江苏经济报》2018 年 10 月 13 日）

3. 矛盾调处

主要是指网格内较小的邻里矛盾纠纷、小型冲突等的调节和处理。邻里纠纷是任何社区都无法避免的人际冲突，绝大多数邻里纠纷都不需要动用警方和司法程序解决，通过民事调解方法就能有效化解。网格化的一个重要任务就是继续发挥这一传统优势，及时发现和调解各类小型民事纠纷，在遵从法律的前提下“大事化小，小事化了”，维护基层社会稳定。网格员也是民间调解员，是“和事佬”。

需要指出的是，当代社会价值观多元化，社会分化严重，人际沟通机会减少，社区内的邻里关系已经今非昔比，传统的调解办法越来越吃力，很多情况下，看似简单的小问题，却很难沟通，令基层社区工作者十分无奈，特别是在城市社区，有的人宁愿通过警察或司法途径解决纠纷而不愿意接受调解沟通，这也是“110”“12345”压力越来越大的原因，这种情况对网格员的矛盾调处能力提出了巨大挑战，特别是对于年轻的网格员来说，矛盾调处任务往往比信息排查更难。在无力实现调处的情况下，网格员要做好有关信息的上报、转介和协调工作。

案例 5

化解邻里纠纷

“天晓得，天晓得。”近日，家住梅花小区 4-3 单元的吴阿姨，气冲冲跑到荷花街道朝晖社区便民服务中心，向片区网格员反映，自己家 6 年前从外省买进并种在楼下的树，被楼下邻居砍断了。见此情况，梅花小区网格员卢丹立刻放下手头的工作，与吴阿姨一起去现场核查。一番交谈后了解到，砍断吴阿姨家树的正是楼下独居的苏小华奶奶。“我年纪大了，不大看得清，这棵树长得太大了，刚好挡住我家的厨房。”苏奶奶对网格员说，自己为了厨房能够亮堂点，才叫家人把树砍掉的，并不是故意的。“我家的树苗是花了 460 元买来的，我辛辛苦苦养了六年，你要赔我 500 块钱。”即使苏奶奶不是故意砍掉自己的树，吴阿姨还是很生气，她坚持要求苏奶奶赔偿自己的损失。考虑到苏奶奶是低保户，吴阿姨也是在气头上，卢丹只好两边劝导：“吴阿姨，苏奶奶并不是故意的，你看老人家年纪也大了。”“苏奶奶，不管怎么说，那棵树是吴阿姨家的。”一番劝解下来，吴阿姨终于让步，要求苏奶奶赔偿 200 元。苏奶奶也认识到自己的错误，爽快地从口袋中掏出 200 块钱，交到吴阿姨手中。“小卢，多亏有你了，这样一来我心里舒服多了。”吴阿姨说。（来源：《浙江日报》2018 年 6 月 11 日）

（二）社会服务

社会服务是网格化社会治理第二任务，而且是决定网格化社会治理能不能最终得到人民群众支持的核心任务，因为信息排查虽然很重要，但因其功能是隐性的，普通老百姓往往并不能直接认识到信息排查的意义。普通居民更看重的是切身利益，看重的是网格化能够带来什么直接的利益。能不能在为民服务上体现出明显优势，在一定程度上决定着网格化的命运。

实际上，为居民提供各种服务是中国社区的一个基本职能，社区服务也是中国社区居民委员会的基本任务，长期以来，社区服务是构成社区的存在价值。但是，以往社区服务具有明显的行政化特色，所谓社区服务主要是由社区负责把党和政府的各种惠民政策落实下去，比如低保政策、特殊人群救助政策等，至于社区工作者主动了解居民需求、主动开展为民服务，虽然大家都在做，但缺乏制度化约束，规模和质量都存在较大差距。以至于很多社区居民都没有向社区求助的意识，因为他们觉得社区解决不了什么问题。许多社区居民也从来没有接触过社区工作人员，更没有在自己的家里接待过社区工作者，更不要说与社区党组织书记、主任面对面沟通。

网格化就是要解决这样的问题，通过细化服务单元和责任范围，从根本上解决社区和居民群众之间的距离感问题。和以往的社区服务相比，网格化在社会服务的特点是：

1. 贴近服务，解决“最后一公里”问题。实行网格化后，网格员只对自己管理和服务的网格负责，多则300—500户，少则不足百户，有时间、有条件接近居民，从而实现贴近服务，从根本上解决居民见不到社区工作人员的问题，也解决一些行动有困难或时间上有冲突的居民的需求。按照网格化要求，网格员要定期巡查自己的网格，多的每日一次或数次，网格内的重点居民要做到定期上门或面对面。在巡查过程中，及时发现居民需求，能够代办的及时代办，特别是对于行动不便的老年人、残疾人、疾病患者等，为其代办各种事务。

2. 落地服务，解决“有反映无结果”问题。按照网格化的制度设计，所有居民需求和发现的问题，都要通过网格化平台进行闭环处理，事事有回应，件件有落实，不容许“泥牛入海无消息”，在理想的情况下，一个问题从反映到解决，可能会在数十分钟内完成，即使不能马上解决，也必须有答复或办理结论，并且能够持续追踪。这是以往的问题反映程序无法比拟的优势。

3. 个性化服务，解决有服务无价值问题。网格员对于社区居民来说，有点类似于私人医生，长期交流沟通，彼此熟悉，所以提供的服务可以做到个性化。网格员可以根据居民的家庭情况、性格、行为习惯等为其“私人订制”解决方案。这有助于解决以往社区活动大而无当、有意义无价值的问题。

4. 主动服务，解决“有求才应”甚至“有求无应”问题。网格化背景下，许多问题是被网格员主动发现的，有的居民需求是被网格员主动搜集的，有的社区隐患是被网格员巡查到的，优秀的网格员甚至可以主动开发居民需求，挖掘居民需求和潜力，开展社区服务。和以往群众反复反映、求助才能得到解决，甚至反映了也没人搭理的情况形成截然对照。所以，真正的网格化社会服务一旦建立起来，将把社区变成居民的私人服务专家和贴心伙伴。

5. 精神与心理服务，解决服务物质化问题。随着经济社会发展，居民对社区在满足物质方面的需求越来越下降，而对精神和心理方面的需求则越来越上升，居民由于家庭问题、邻里关系问题、职业发展问题等而产生的心理压力、精神抑郁等越来越常见，这些问题绝大多数不能指望社区解决，但社区也绝不是无所作为。一个网格员，既有条件也有必要成为居民身边的心理咨询师和社工师。

事实上，已经有为数不少的优秀的网格员开始扮演这种角色，从而为居民提供专业而人性化的服务。

需要指出的是，有的人对网格化的社会服务职能有所怀疑，他们认为为民服务交给市场和专门社会组织即可，网格员的职责就是社会管理，就是维护稳定，这是错误的认识。网格化社会服务不仅必要，而且必须做好。

例如，南京网格化社会治理一开始就把社会服务纳入核心任务，确定网格服务事项基本清单 7 大类 80 项内容，涵盖党建引领、矛盾纠纷、社会治安、公共安全、城市管理、环境保护、民生服务等多个领域，通过信息手机采、流程线上转、服务全联动，让社区工作更加贴近群众。“社区治理一体化平台”还推出多项网上便民业务（证件办理、补贴核验、开具证明等），让群众足不出户就能办成事、办好事，为群众服务 11 万件次。同时，扫描二维码门牌，群众还可获取更多自助式政务服务（“出租房屋报备”“流动人口登记办证”“户籍业务办理”“呵护家园”）等应用，为自主参与社区治理提供了渠道。

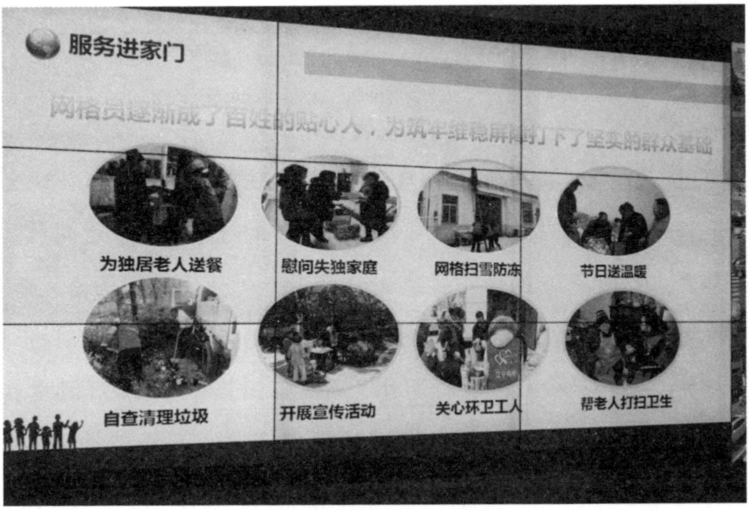

图 2-1　服务进家门

案例 6

网格员与孤僻老人

汪大爷平素独自一人居住，并无子女。因为患有间歇性精神病，加上性格比较孤僻，不太爱与人来往。邻居们说，汪大爷平日里都把自己拾饬得很整洁，自己买菜做饭都很有条理，只是与人交流得少。汪大爷的监护人是他的哥哥，有时会来看望他。与汪大爷对接的是网格员小张，有时网格员上门，汪大爷也不给开门，只能隔着门问问他的近况。7 月份，网格员发现汪大爷的身体不太好，隔三岔五就会上门看看他。8 月 3 日，社区发放“夏日送清凉”的福利，汪大爷还坚持亲自到社区领了物资。8 月 5 日，汪大爷也参加了社区爱心理发的活动，剃了头。前几天，邻居发现老人家里出现异味，赶紧通知了网格员，网格员与民警一起上门，才发现老人已经去世。（来源：《现代快报》2018 年 8 月 17 日）

案例 7

管吃管住

近日，雄州街道天一社区独居老人王慧茹专程来到社区大厅，将一面印有“捐资助民　无私奉献”的红色锦旗，送到社区党总支书记林爱霞的手中，感谢社区上下对她无微不至的关怀。事情还要追溯至“1933”社会治理新模式运行不久。按照网格划分相关要求，天一社区重新调整了网格，王慧茹老人成了林爱霞网格内的居民。通过巡查走访，林爱霞获悉，王慧茹老人因子女在外务工，无人照料，一人独自生活，而且居住的是多年的老房子，存在一定的安全隐患。自此，王慧茹老人就成了林爱霞心中的牵挂。前一段时间，台风“温比亚”来临前，林爱霞特意赶到老人家里，把她带到宾馆安顿好。此后，她又协调筹措资金帮助老人修缮了房屋，让老人感动不已。这才发生了文中开头时的温馨一幕。（来源：《南京日报》2018 年 11 月 8 日）

由于网格化的优势已经初现，一些部门或行业也开始关注网格并试图将其业务与网格叠加，实现网格化社会治理和行业服务的整合，更有效地服务群众。已有银行、气象、安监、城管、烟草、平安志愿者、关工委等行业的网格正在向一体化网格靠拢。

（三）助力自治

帮助居民自治是网格化的第三大任务。如果网格化没有此项职能，就不能算作真正的社会治理，而是社会管理；如果网格化在助力社区自治方面无所作为，就给“网格化就是社会管控”的错误理论留下了口实。

网格化在助力居民自治方面有着得天独厚的条件。由于单元变小，网格员责任明确，所以更方便于建立居民自治机构或组织自治活动。

网格化居民自治主要有以下内容：

1. 帮助居民建立业主委员会。许多城市网格都和小区重合，一个小区就是一个网格（当然也有不少大型小区被分为若干网格），网格员应该把帮助小区居民建立业主委员会或协调业主委员会与居民、业主委员会与物业公司的关系作为网格化治理工作的应有之义。而且，这项工作一旦做到实处，也大大有助于网格员其他工作。

2. 帮助居民举办以小区或网格为单位的文化活动。部分社区活动失之于行政色彩过于浓厚，不少邻里节、敬老节活动都是社区居委会自上而下举办的，虽然也有一定意义，但“被参加”的情况很常见，主要原因是社区过于庞大。实施网格化后，网格员就可以协助小区物业公司、业主委员会等，在较小的范围内开展居民自发自主的各种活动。

3. 帮助居民成立社会组织，申报项目。网格员应该动员或引导居民成立社会组织。自主开展以自娱自乐、相互服务或协商议事的社会组织，条件具备的可以正式登记注册，条件不具备的备案。同时帮助居民组织向政府申请公益创投项目和其他社会项目，链接社会资源，开展社区服务，比如和小区附近的机关单位、商户、学校等合作开展互助共建活动。

案例 8

仙营街道公益服务中心“党建＋公益”创新思维服务群众

为了孵化和培育社会组织，公益服务中心支持和鼓励具有社会工作者资格证书的网格员自主申请公益项目。“2018 年度公益服务项目菜单”由公益服务点的网格员提交。“在提交项目之前，需要设计项目书，包括项目名称、实施地点、实施时间、项目概况、受益者等，并记录项目实施的过程和效果。”文化小区公共服务点网格员表示，他申报的项目是“回迁驿站”。由于该小区被拆除，居民在离开居民区后，对这个旧小区产生了依恋感。如果成立一个专门的工作组为回迁家庭服务，并不定期开展各种活动，将有助于回迁居民更快地融入新的社区生活。已经开展了“谈谈拆迁的事”“飘乡邻里亲”等多项活动，效果非常好。（来源：《济宁日报》2018 年 8 月 28 日）

以网格为平台，与居民积极开展互动。居民自治应从参与公共事务开始，公众参与应从文化活动开始。没有公共文化和体育活动的平台，很难指望居民积极参与选举等重大政治参与。居民的日常社区参与和互动主要有两种：一是一些积极分子参与社区活动，但绝大多数居民没有兴趣参加；第二，绝大多数居民的互动是随意的，主要是带孩子、遛狗、乘凉、打牌等形式。如何吸引居民走出家门，开展更有意义的社区活动和互动，是一个大课题。网格员在这方面应该有所作为，利用网格化平台组织活动或开展互动，应该成为网格员的工作内容之一。

案例 9

网格＋网络

江宁东山街道创新性地建设中心网格（片区网格中心），通过租用等方式建设公共活动中心，让几个网格的网格员入驻并开展居民活动。

有的网格员引进或带头举办社会组织，通过社会组织引进公益创投项目和其他服务项目，开展为民服务。如仙林街道下辖的网格，共培育“亲近母语”等 17 支草根社会组织，引入 335 个高校社团，几乎每一个网格都有社会组织在活动。

许多网格员通过“网格＋网络”方式开展与民互动。江宁大多数网格员都建立了网格微信群，越来越活跃，居民开始在微信群里讨论问题和反映情况，体现出网格化社会治理的力量。栖霞全力推行“掌上云社区”，明确要求“一个网格一个微信群”，网格长担任群主，共建立了 858 个微信群，大多数比较活跃，截至2018年已有5万多成员，“24小时不打烊服务”“线上协商议事”新模式初现。[来源：段继业：《南京市网格化社会治理研究报告》(2018)，载《南京法学》2019年第2期]

三、网格化社会治理的条件保障

(一)网格划分是基础

只有合理的网格划分才能保证网格特殊功能的实现，明确的边界和适当的规模是基本要求。根据经验，应按照每个网格300户左右的标准适当划分网格，并根据建制小区和单位小区适当扩大网格户数量。划分的网格应按照城市统一制定的编码规则进行编号。应科学绘制网格图，每个网格至少分配一名网格员，这将彻底改变社区上万甚至数万人由少数工作人员管理和服务的局面，改变社会工作者不了解社区、居民也不了解社会工作者的情况。

网格划分的原则：

一是社区为界。网格是在本社区内划分，不能跨社区划分，不能因为网格划分造成社区管理的混乱。

二是规模适度。所谓适度，就是适合网格员工作的度。不能太大，否则网格员无法顾及网格内的所有住户，导致网格化流于形式；不能太小，否则需要大幅度增加网格员，增加基层社会治理成本。

三是从实际出发。所谓从实际出发，就是在划分网格时，不能简单用户数作为唯一标准，而是要充分考虑居民的人口异质性程度、地理空间分布、小区完整性、历史等。人口异质性程度高的网格，规模应该相对小一些，而人口同质性程度高的网格，规模可适当大一些；一个相对完整而独立的居住区（比如自然村、老小区），在人口差不多的情况下，尽量不要分解为多个网格；反之，完全不同或相距较远的居住区，尽量不要划分为一个网格；历史悠久、邻里关系紧密的网格，规模可以大一点，新建小区、邻里关系疏离、出租户较多的网格，规模可以小一点。

四是动态调整。网格划分不可能一蹴而就，一方面网格内的人口不断变化，另一方面初期划分总会存在不尽合理的地方，为了避免造成网格员工作任务的巨大差别，为了使网格治理工作更加有效，必须根据实际情况，定期或不定期地对网格划分进行适当调整。

网格划分后应该绘制网格分布图并以适当的方式进行公示，以便于居民或外界了解网格界限。网格图应该包含网格边界、网格内住户数量及其分布、网格员的姓名和联系方式，网格内其他各种要素分布等信息。

（二）信息技术是支撑

网格化治理所依赖的现代信息技术包括网络、电子地图、地理编码、GIS、GPS、手机定位、航空遥感、数据挖掘等。例如，利用电子地图技术，将区级标到每个社区，街道办事处标到每个责任网格，将社区标到每个建筑、每条道路、每个设施，并且建筑物被标有建筑信息和人口信息。当根据需要点击全区的电子地图时，它可以充分显示每个社区在全区的分布情况。点击街道办事处，即可全面显示各责任网格在整个区域的分布情况。点击社区，显示社区中的每一栋建筑、每一条道路和每一个设施，所有信息都会相应显示。许多大城市都建立了网格化社会治理信息集成平台，利用该平台，网格内的各种问题和居民需求可以快速传递、转移和反馈。

事实上，社区网格化管理方法在国内的实践探索已有十年以上的历史了。多年以前，鉴于社区工作人员没有精力或不愿意入户的情况，一些城市社区尝试网格化，要求社工必须深入自己网格内的居民户，这个设想是完全正确的。但在初期阶段，由于信息手段仍然比较传统，社工深入网格仍然以访问和文字记录为主要手段，社工所收集的居民信息经多次口头汇报和传递，不可避免地造成信息的延迟、稀释、失真，甚至丢失，最后，这样的网格化不免流于形式而不了了之。

而今天，网络技术已经迅速覆盖了社会生活的方方面面，智慧城市、智慧社区建设逐步实现，信息的记录和传输手段已经与十年以前不可同日而语，在这种情况下，把网格化和现代信息技术手段结合起来，不仅必要而且可能。

案例 10

铜陵市网格化运营平台

我们来到市智慧城市运营管理中心，通过“铜陵市智慧城市运营管理平台”可以更加直接地感受到信息化在社会治理中的作用。工作人员选取了幸福社区作为例子向记者进行了演示。

打开电脑，通过后台登录社管信息化平台，进入“易治理”模块，市综治办工作人员向记者介绍起了模块的功能。“‘易治理’下面又细分为十二个子板块，其中打击传销、见义勇为、监督考核是我们量身定制的板块，社区网格员或者下载了易铜陵手机 App 的市民，可以通过平台向我们发送信息，我们可以迅速掌握、反应。”该工作人员告诉记者，与传统的“跑腿”上报方式相比，通过手机传输实现了即时传送，还可以图文并茂，大大缩短反应、处理时间。

“你通过幸福社区的地图可以清晰地看到，整个社区被划分为25个网格，点击楼栋号我们可以了解每一户居民的家庭成员基本情况；点击摄像头，我们可以调取视频内容；我们还能够清晰地看到网格员上报的各类事件信息。”该工作人员告诉我们，立足于社管信息化平台和“易治理”模块，社区主任可以向网格员发布指令，网格员打卡后，其巡查的轨迹也能够清楚地标明，这在处理突发事件的时候会起到很大作用。

我们了解到，社管信息化平台已经全方位覆盖了铜陵市城区55个社区。依托于先进的信息化手段，这55个社区重新划分了社区基础网格管理边界，共计细分为813个网格，配备了850个基础网格员，采集人口信息46.2万条、房屋信息25.3万套、楼栋信息10003栋。

“易治理”平台已推出电脑运行版本、手机App也已成功上线，网格化管理四级联动机制初步建立。百姓可通过App上报事件，自动进入12345市长热线处理流程，“以地管房、以房管人、人楼房关联、网格化服务管理”的全民参与共治共享社会大治理模式预期目标初步实现。

“借助信息化手段我们可以做到社情全掌握、矛盾全化解、服务全方位。”市综治办工作人员说，通过信息化治理，资源进一步有效整合、信息实时共享，大大提升了基层发现问题、解决问题、服务群众的能力。（来源：《信息化手段助力网格化管理提质升级》，人民网安徽频道，2017年4月20日）

（三）网格员是关键

技术对于网格化社会治理是必要的，但人是第一个重要因素。网格员配置要到位，每个网格应明确专职网格人员；网格员的职责应该明确；网格员要有职业道德；落实网格员职业待遇。网格员是社区网格化管理和服务的执行者，他们的服务、活动直接影响着社区居民个体，对社区建设和社会治理的有效性产生了重要影响。

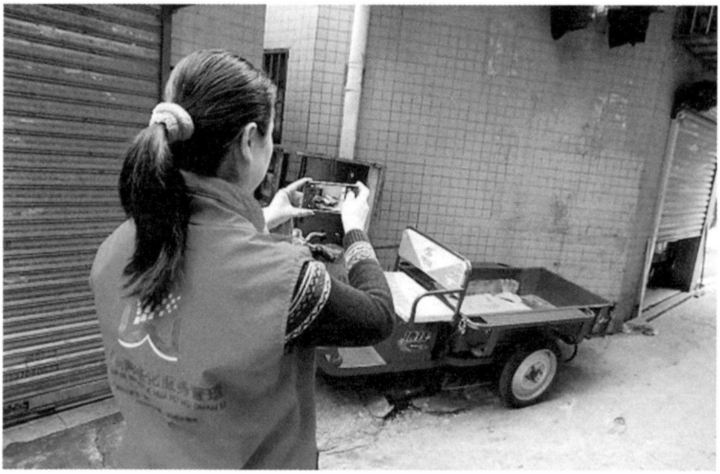

图 2-2　网格员在巡查

四、网格化社会治理的功能

网格化社会治理是按照一定的地理空间和人口分布，将城镇管理区域划分为若干个管理网格状单位，实行分片包干、责任到人、设岗定责、服务到户的一种联系群众、服务群众的管理服务新方式。总的定位是服务加管理，核心要求是构建网格加信息，重点工作是围绕网格怎么划，信息化怎么建，事件如何流转、怎么解决。

（一）社会治理机制创新

网格化社会治理是一次基层社会治理机制上的创新，贯彻了习近平总书记关于“加强和创新社会治理，关键在体制创新”的社会治理思想，和原先的社区治理方法相比，它可以说是一次真正意义上创新，创造了基层社会治理的中国模式。主要体现在：

1. 体制创新。改变原来的社区管理体制，变社区为网格，管理空间范围更小。管理者由原来的无限责任社区工作者变为有限责任网格员。

2. 方法和技术创新。大量应用信息化、智能化手段，改变了原来单纯依靠手工记录、文件上报信息等形式，让人口信息、需求信息和其他各种信息及时上传下达，大大提高信息的准确度和传输效率。

3. 理念创新。把政府管控和社区自治结合起来，把信息采集和服务群众结合起来，把传统的社区工作方法和行动技术手段结合起来。

4. 人员队伍创新。按照网格数量确定网格员队伍，一格一人，参与基层社会治理的社工人数大大上升。

（二）维护社会稳定

毫无疑问，网格化社会治理在维护社会稳定方面的功能是巨大的，既加强了人员队伍又提高了信息化和智能化水平，对于防范和化解各种矛盾各隐患、有效应对风险社会，具有实质性的推动作用。在全球、全社会风险因素不断增加、维护社会稳定的任务日益艰巨的大背景下，网格化社会治理是不二选择，尽管不能解决所有问题，但必将发挥应有作用。

（三）满足居民需求，提高居民自治意识和能力，提升居民幸福感水平

尽管人们在网格化初期阶段会有不少误解和质疑，但只要网格化坚持正确的方向，走社会治理之路，特别是在精细化服务和助力居民自治方面有所作为，一定会提升老百姓的生活幸福感，促进宜居社区建设。

案例 11

城市无物业小区共建共治共享社会治理模式探索

党的十九大报告明确强调要打造共建共治共享的社会治理格局。以此对照审视城市社区治理工作，可以看出：小区物业管理是其中的重点难点，尤其是无物业的老旧小区管理已成为全国各地亟待解决的问题。为进一步提高城市社区居民对小区公共事务的参与意识，探索城市无物业小区共建共治共享社会治理模式，溧水区永阳街道在城市无物业小区治理路径探索方面，创新手段，另辟蹊径，形成“三会一机制”的无物业小区治理模式，找到了解决上述难点难题的钥匙。

一、案例背景

永阳街道是溧水区委、区政府所在地，2015 年 8 月，经江苏省人民政府批准，永阳撤销镇级建制，设立街道办事处，辖区面积 130 平方公里，人口 15 万人，下辖 9 个涉农社区、17 个城市社区，其中龙山名府小区是永阳街道无物业小区治理路径探索的首个“试验田”，该小区坐落于永阳街道东南方向，占地面积 18810 平方米，建筑面积 31350 平方米，小区东至秦淮

路，南至青年路，北至分龙岗路，西至致远路。于2001年建造，共建有楼群10幢，21个单元楼，居民785人，120个车位，210户业主。2014年初，街道通过实地走访、入户访谈等，了解到龙山名府小区存在车辆乱停乱放、墙面乱贴乱画、垃圾乱丢乱扔等现象，业主对此十分不满。经与当时的业主委员会成员开展座谈交流，并通过问卷、走访等形式，组织召开业主投票大会，引导居民学会“我的社区我做主”，最终以三分之二的得票率通过，赞成以“社区牵头物业、居民自治参与”的形式成立以“居民代表为主体、社区代表为督导”的永阳街道物业服务中心，通过龙山名府小区先行试点，总结做法经验后，在全街道推开，逐步形成和完善无物业小区共建共治共享社会治理模式。

二、主要做法

（一）选准带头人，成立自管委员会

建立以居民代表为主体、社区代表为督导，企业赞助、政府支持、居民自筹为资金募集方式，居民民主协商、多方参与共建为运营模式的“永阳街道物业服务中心”，其中下设的永阳物业在龙山名府小区由居民代表9人组成，并通过选举成立了自管委员会，其中包括由业主选举的中心法人代表1名、保安4名、保洁2名、管理人员2名，全部人员都来自本社区。截至2019年，街道范围内已完成11个小区（大楼）业委会的成立和备案工作，4个小区（大楼）业委会换届选举，另有凤麟水苑、水岸康城、金庭国际花园等多个小区业委会筹备工作正在进行中。同时，涉及城市精细化管理范围内的金盛花园、桥下巷小区、西苑小区、白酒巷小区、宝城名苑小区、财贸新村小区在内的老旧小区整治提升已于 2017 年全面启动，全范围内的 28 个老旧小区整治提升预计今年年底全部完成。

（二）把准源头脉，建立联席会

根据《南京市住宅物业管理条例》《关于提升社区物业服务水平促进现代物业服务业发展的指导意见》（苏政办发〔2017〕117 号）精神，于 2018 年 1 月建立了“街道社区、居民管委会、永阳物业”共同参与的无物业小区管理联席会议制度。联席会议一般每月召开一次，由社区党组织党委书记牵头，社区党委、居委会全体成员、管委会成员及永阳物业等参与其中，主要讨论贯彻落实社区发展规划，完善社区服务发展计划、实施方案，社区重大活动的开展，“一事一议”事项，无物业小区自治管理制度的制定和修改，以及其他与多数居民利益有关的各种事项的审议等。对社区内的重大问题，经联席会议研究后，提交至居民会议或社区居民代表（社区成员代表）会议讨论决定。2014 年以来的每年年底的问卷调查，永阳物业管理有限公司的满意率均在 90% 以上，其中门岗保安、楼道保洁、室外保洁满意率均达 94%，车位管理满意率 96%，绿化维护、居住环境满意率达 90%。无物业小区自治管理工作先后接待了省市领导、全市 9322 考核组的视察指导，均给予了较高的评价。

（三）找准决策者，搭建居民议事会

将权力放给居民，让居民自我做主、自我决策。这才是无物业小区居民共建共治共享的精髓。2016 年 4 月，在溧水区民政局、永阳街道、板桥社区以及相关媒体的见证之下，“永阳街道物业服务中心”正式成立，同时还结合罗伯特议事规则等出台了《无物业小区自治议事规则》《服务事项申请流程》等一系列制度办法，从居民服务事项申请—调查梳理—意见征询—议事决策—结果公示等，建立了一整套较为规范的议事自治流程，仅2018年以来，通过议事自治，已处理上百件公共事项，其中包括：通过居民自发提议成立的“永阳街道物业服务中心”、物业管理费收缴标准和办法以及管理费的使用、小区车辆有序停放办法、小区绿化维护等事关群众切身利益和小区管理服务的方方面面。这些皆通过居民议事会得到圆满解决。据统计，今年各小区物业管理费收缴率达95%。

三、成效启示

（一）针对无物业小区治理的顽症，解决谁治理、如何治理等源头根本问题

城市老旧小区物业不愿进入，进而一度无人管理的现象，是普遍存在的突出社会问题。永阳街道迎难而上，逐步找到了攻坚克难的路径办法，具体来说，一是搭建服务平台，解决“谁来管”的问题。即由社区副书记牵头成立民办非企业物管服务中心，副书记任中心主任，招录8名工作人员，其中4名保安、2名保洁、2名管理人员，解决了“有人”管理的问题。二是充分尊重民意，解决“如何管”问题。小区在住户中选择7—8户有代表性、热心公益、有一定社会威望的人士，成立了小区业委会，重大事项先由业委会充分讨论决定，居委会、业委会、物管中心三方构成一个有机整体，形成大家齐抓共管小区的良好局面。三是从环境改造做起，解决老旧小区群众最迫切的共性问题。由于常年缺少投入，小区基础设施破败、环境脏乱差，是普遍存在的一个状况，为此，加强组织协调，把环境改造提升作为强化物管的第一步，通过安装监控设施，新增

路灯、车棚，改造出新小区围墙，全面疏通小区下水道等，使老旧小区环境面貌迅速得到改变更新，既解决了老旧小区的共性难题，也迅捷拉近了自管自治与社区群众的距离，赢得了民意，进而为持续实行自管自治奠定了基础。

（二）居民参与度不断提高，自管自治自我赋能

永阳街道实行无物业小区自管自治的主体是居民，其成立的物业服务中心坚持以保障居民切身利益为首位的原则运营机构，在调动居民参与的同时，实行市场化运作，并已实现自我造血、自我赋能的重要跨越，如通过居民议事会确定物业管理费价格和收缴办法。其中收取物业费按每平方米 0.4 元收取，永阳物业负责人表示“只要物业费能保证中心人员待遇、小区日常维护等工作的开支，节余部分全部用于满足居民需求，为居民办事”。2017 年，物业服务中心完成了龙山名府小区 1.8 万平方米的环境卫生、绿化、安保等工作，还解决了 9 名小区业主的就业问题。

（三）实现“三嫁接”，进一步创新城市无物业小区治理特色路径

一是嫁接综合执法。永阳街道物业服务中心逐渐形成一套自管自治模式，但由于物业没有执法权，很多违规现象和不法行为难以及时有效制止制约，为此，街道物业服务中心在街道牵头统筹下，计划组建综合执法小组进入小区，已完成调研论证、人员选配等基础工作。二是嫁接专业物业。在街道支持下，以民主评选票决的方式，与苏宁银河物业达成顾问合作协议。由苏宁物业对居民领袖团队进行一对一的教学培训，帮助永阳物业提高专业水平，打造出一支具有规范的物业服务团队。三

是嫁接品牌文化。永阳物业在近两年的服务过程中，立足于居民群众，树立了一定的品牌形象。从小区内的公示宣传、员工的服装环节等入手，不断完善员工的从业规范，并根据每个小区的不同特质，挖掘本土特色文化，以组建文艺演艺队和文艺展演等形式，予以推广推介，打造独具特色的物业服务文化品牌。（来源：溧水区永阳街道，2019 年）

第三章　网格化社会治理的现实背景

中国历史上就存在有效的基层社会治理体系，新中国成立后，将国家政权建制由县延伸至乡镇，并在乡镇和城市街道以下，进一步建设了完善的基层管理体系和一整套制度。改革开放以来，社区管理水平大大提高，保证了改革开放 40 多年的社会稳定。在这种情况下，为什么要搞网格化？这是很多人的疑问。是不是传统的社会管理体系已经失效了？是不是当代中国社会不得不用更严格的办法加以管理？

网格化不是特定时期的政治需要，不是针对一时的权宜之计，也不是一些人的突发奇想和瞎折腾，网格化有着深刻的社会背景。

一、中国社会总体稳定

改革开放 40 多年以来，中国社会总体稳定，这是 40 多年来中国取得巨大发展成就的重要前提。特别是当前，宏观社会形势稳定，人民安居乐业。这是一个基本判断。

中国社会治理的基本特征是国家对社会的管理较强，改革开放以来，政府逐步改变管理模式，社会管理逐步走向社会治理，社会力量有所发展，但社会的多元化和民间社会的发育，并没有带来社会动荡，而国家仍然对社会具有强大的管理能力，中国社会是当代世界最安全、最稳定的社会之一。这一点不容怀疑。

2018 年全球安全系数排名，冰岛第一（连续多年），其次是挪威、丹麦、瑞典、中国。“2018 世界风险地图”中，中国毫无例外地进入“游客低风险”国家。中国一直以来就被认为是世界上最安全的国家之一，这已是许多国家的共识。

一些国内统计数据也支持了我们关于社会总体稳定的判断：我国公安机关受理的社会治安案件数量自 2012 年达到高峰值后，连年保持下降趋势，2016 年与 2015 年相比，下降了 2.36%，这是党的十八大提出建立立体化社会治安防控体系后取得的成果。国家统计局数据显示，2010—2016 年我国民间纠纷调解案件数总体也呈现出“倒 U 字”形特征。在 2013 年达到峰值后逐年下降。恐怖案件数量保持较低水平，2015—2017 年保持在每年 1 件的低水平。[1]

美国政治学家亨廷顿曾提出“现代化孕育稳定，现代化过程同时引发非稳定”的预测，但这一理论在中国并没有成为现实。曾经让很多人担心的“托克维尔效应”（此概念最早见于丹尼尔·贝尔写于 1973 年的《后工业社会的来临》。贝尔指出，公平报酬和公平差距的衡量原则问题将是后工业社会最令人烦恼的问题之一。随着收入不平等的缩小，随着民主变得更加明确，对平等的期望迅速增加，人们进行了更具攻击性的比较。“人们可能会减少痛苦，但他们的敏感性会增加，这种现象现在通常被称为‘托克维尔效应’。”）也没有

[1]　李培林等：《2018 年中国社会形势分析与预测》（社会蓝皮书），社会科学文献出版社 2018 年版，第 118 页。

发生。发展非但没有在中国引发社会动荡，反而带来了稳定，而稳定又为发展创造了条件。

二、社会风险与不可预期性增加，维护稳定是长期需要

既然中国社会总体稳定，那么为什么要实施网格化社会治理?

（一）风险社会是全人类共同面临的挑战

中国社会已经发生并且正在继续发生着重大变化，整个社会进入风险社会时期，面临的各种不可预期性风险越来越大，传统安全因素没有消失，非传统安全因素不断增加，事件的“蝴蝶效应”日益严重，社会秩序压力持续不减，维护社会稳定的任务越来越艰巨。这是实施网格化社会治理的重要背景之一。正所谓“树欲静而风不止”，维稳永远在路上。

“风险社会”的概念由德国著名社会学家乌尔里希·贝克提出，他认为风险社会是整个人类社会自工业社会之后进入的一个新的阶段，他的《风险社会》被认为是 20 世纪后期欧洲最具影响力的社会学理论著作之一。贝克认为，现代社会的风险与前工业社会的风险截然不同。现代社会的风险大多是技术性的，也就是说，是人为的而不是自然的。他认为，风险社会是现代化和全球化的必然结果，现代社会的风险更具普遍性、更难以捉摸，甚至可能是灾难性的。在风险社会中，人类变得越来越脆弱。

而英国著名社会学家吉登斯认为，现代化将人类置于自己制造的“风险”中，而制造风险的人为因素来自技术、政治和道德。现

代化带来了新的风险，消除并减少了许多旧的风险。现代性的机遇和风险是不可分割的。他认为，在面临新的风险时，增强风险意识至关重要。

在风险社会，传统安全问题仍然存在并且因为全球化而变得更加严峻，比如民族宗教冲突及其引发的难民问题、恐怖主义与极端宗教主义、瘟疫、交通事故、自然灾害、环境破坏灾难等，尤其是信息安全问题的萌芽和兴起，使我们的生活环境比以往任何时候都更加复杂、不可预测和危险。各种非传统安全因素是风险社会的突出特征，成为当代社会的一种“蔓延危机”，使人类普遍处于不安全的现实中，这将给社会带来巨大的危险和危害。这种基于信息传播的不安全表现为以下几种形式：虚假信息干扰；信息泄露的隐患；不适当的分享而导致的二次和衍生问题。信息共享不当将导致一系列非传统安全问题，甚至危及政治安全和国家安全。为此，联合国和各类国际组织都加强了合作与对话。但从根本上来说，应对风险社会的最有力措施还是来自各国自身，而不是国际合作，因为只有本国本民族才拥有对风险的判断力和决定权。

中国社会同样面对风险社会的挑战。我们坚定地认为，在风险的判断和应对上，必须以自己为主，对于什么是我们面临的风险以及如何应对风险，我们需要有自己的定力。强化国内的社会治理机制，是应对风险的根本道路。

（二）中国社会的风险因素将长期存在

古人说：人生而有欲，欲而求，求而争，争而乱。但人类社会的不同时期和不同文化环境中，欲望的表现是不一样的。在人们的社会生活中，仍然保持着旺盛的赚钱欲望和消费需求，这是经济发展的动力所在。但是，对于社会来说，赚钱和消费的欲望强烈，意味着由此而来的矛盾和冲突就少不了。从全国检察机关2013—2017年起诉的刑事案件的犯罪嫌疑人数来看，侵犯财产犯罪仍占主导，特别是非法集资、网络传销等涉众型经济犯罪持续高发，与逐年下降的暴力案件形成截然对照。2017年“社会蓝皮书”的研究表明：非法集资犯罪高发是当前影响社会稳定第一因素，一些网络借贷平台由于缺乏标准、规范和监管而存在巨大风险，带来严重的社会治安隐患。2016年，连续发生“大大集团”“中晋系”“望洲集团”等一批大案要案，上海“快鹿”等企业由非法集资导致的资金风险也逐步显现，而且可能引发“骨牌效应”，极易在一定条件下转化为社会风险的导火索，甚至导致群体性事件的发生，给社会秩序和政治安全带来严重隐患。[1]

事实上，非法集资、诈骗、传销等经济犯罪的土壤在于人们对于财富的过度追求，许多人不再是为了生存而是为了满足对财富的欲望陷入此类骗局，说明经济犯罪的土壤仍然十分肥沃。

可以预见，在未来相当长的一个时期内，中国社会仍将处于消费需求旺盛阶段，社会对物质财富的追求仍然将处于高位，因此经济犯罪以及其他与财富有关的社会矛盾，将长期处于旺盛阶段。

（三）中国社会维护基层社会秩序的机制需要重构

在一个相对静态的社会和熟人社会中，面子、人情、习俗、尊严等非正式社会控制手段较为有效，邻里之间的相互监督和约束机制也较为有效。但当代中国社会，特别是城市社会，流动和陌生人社会在很大程度上取代了传统城市社会。大量的新建社区，居住其中的是流动人口和互不熟悉的邻居，在客观上留下了大量犯罪和安

[1] 李培林等：《2017年中国社会形势分析与预测》，社会科学文献出版社2018年版。

全隐患生成和发育的空间。

2017 年“社会蓝皮书”指出，社区安全隐患突出是排第二位的稳定问题：“短租房”问题集中而突出，严重威胁社区安全。在房屋租赁领域，大部分地区尚未构建完善的信息登记系统，导致“短租房”成为从事卖淫嫖娼、吸毒贩毒违法犯罪行为的关键隐匿区域，给社区安全秩序带来严重威胁。“村改居”社区治理困境凸显：“村改居”社区作为一个过渡性社区，是伴随着城镇化进程而产生的，面临集体经济发展瓶颈、组织关系不顺、居住人口结构复杂且流动性强、公共服务落后、居民就业和社会保障不足等问题。传统的社区安全治理资源日益瓦解，且新模式又尚未构建形成，造成了社区犯罪和治安侵害频发、社区矛盾纠纷不断的安全困境。

有的新建小区成了传销分子的窝点，但社区和居民却并不知情。特别是公租房，由于人口基数大、变动大，信息采集难度大，信息更新难。我们必须创新现有的管理机制，从多个层面考虑整个社区安全的组织结构和运作体系。

此外，由于居住格局和人们社会交往习惯的变化，邻里关系疏离成为当代城市的基本特点，给独居人口，特别是空巢老年人、残疾人等缺乏社会资本的人带来很大不便。

（四）价值观多元化带来的风险

应该看到，绝大多数的亚文化、非主流文化对社会并无不良影响，反而成为文化繁荣和社会活力的一个促进因素。但是，也必须看到，总有一些价值观是反文化，它们对社会秩序构成威胁。比如，类似法轮功这样的邪教长期阴魂不散，渗透进社会肌体，构成潜在的危害；毒品以强大的摧毁力在青少年群体中寻找对象，随时有蔓延的可能；网络社会的出现，催生了一些新的价值观和行为方式，比如不择手段的“网红”现象、依靠网络醉生梦死的“宅族”，等等。

（五）各种心理和行为异常问题不断出现

和历史上的情形不同，今天人们在解决了生存问题之后，心理和精神问题凸显，据《2017 中国城镇居民心理健康白皮书》，从全国约 112 万城镇人口的心理健康数据发现，73.6% 的人处于心理亚健康状态，存在不同程度心理问题的人有 16.1%，心理健康的人仅为 10.3%。同时，慢病人群心理问题伴发率极高，心理健康的仅有 5.1%。

三、精细化管理与服务是大势所趋

正如本书第二章所讨论：维护社会稳定仅仅是网格化的任务之一，网格化的另一个重要任务是为了开展精细化的社会服务。网格化社会治理就是为了适应人民群众对精细化和个性化服务的需求。

（一）精细化管理与服务是现代管理的基本发展方向

现代管理学认为，科学化管理有三个层次或阶段：规范化、精细化、个性化。

精细化管理是一种理念、一种文化。作为一种企业管理理念，是社会分工精细化、服务质量精细化对现代管理的必然要求。这是一种管理模式，其主要目标是最大限度地减少管理占用的资源，降低管理成本。

在企业管理中，精细化管理的本质意义在于，它是一个分解、提炼和实施战略和目标的过程，是企业战略规划能够有效地实施到每一个环节并发挥作用的过程，也是提高企业整体执行能力的重要途径。在企业确立了建设“精细化管理工程”的方向性思路后，重要的是要结合企业的现状，按照“精细化”的思路，找出关键问题和薄弱环节，分阶段开展。在每个阶段完成一个体系后，实施操作，改善体系，并修改相关体系。

精细化意识正在进入中国的城市社会管理过程。2018 年全国“两会”期间，习近平总书记就讲过“城市管理要像绣花一样”，如今，“精细化”已经成为城市管理的一个热词。2018 年，上海市启动《城市精细化管理三年行动计划》；同年，南京市出台《城市精细化建设管理十项行动方案》，明确提出“城市管理的绣花工程”。这些举动都表明精细化已经是城市管理的大趋势。

今天，精细化不仅是企业管理的常识，也是行政管理和社会管理的方向。比如办公室管理中，注重细节、准确性、人性化等都已经成为日常习惯。应该看到，人类社会已经全面进入精细化时代，这是一切管理与服务必须改革的前提，“大水漫灌”的时代已经一去不复返了。发达国家也好，发展中国家也好，都面临更加复杂、更加精细化的社会治理任务。

（二）基层社会服务必须适应居民需求多元化和个性化趋势

中国已经全面建成小康社会，不少城市建设水平接近甚至超过发达国家，与之相伴的是人们的需求结构的重大变化，表现为需求层次的分化和需求内容的多元化、个性化。一方面，还有相当一部分群众仍然对基础服务有需求，社区仍然需要关切居民对低保、就业、住房等方面的需求，另一方面，需要回应一些新的生活需要，特别是精神和文化社会方面的需求。

表 3-1　社区居民需求分类表

类型	基本需求	多元化需求
老年人	养老金；助餐；助浴；参加群体性活动（如打牌）；……	有人陪聊；帮助整理回忆录；学习上网技术；老年学校（老有所学）；帮助联系做公益慈善（老有所为）；帮助参加健康的老年活动（老有所乐）；临终关怀；……
少年儿童	幼儿园；接送上下学；“四点半课堂”；……	胎教幼教；亲子乐园；课外补习和兴趣拓展；夏令营；……
家政服务	普通钟点工；保姆……	高级管家；宠物照料；家庭教师；家庭医生；家庭厨师；家庭心理辅导；家庭关系协调；家庭园艺；家庭聚会安排组织；……
流动人口	廉租房；小孩上学方便；交通有利于谋生；……	找对象；平等参加社区活动；帮助办理各种证件；法律服务；……
社区环境	安全；散步方便；停车方便；环境美好；老年人和儿童有休闲的地方；……	有健身场所；阅读与交流；收藏与交流；咖啡馆或个性化酒馆；参加志愿者组织；驴友组织；各种兴趣组织；救助流浪动物；参加捐献和慈善；……
特殊群体		戒毒与预防；特殊群体的心理服务；……

随着社会发展，人们的需求会不断变化，原有需求的满足一定会生产出新的需求，多元化和个性化是基本趋势。这些需求中的绝大多数将通过市场方式得以满足，但总会有一些需求是市场无法满足或不应该完全市场化的，是政府的责任。因此社区如何有效地回应这项需求，就是当前社区面临的共性问题，网格化方式将有助于这些需求的满足。

四、现有的基层社会治理机制必须进行创新

改革开放40多年来，我国社区层面的社会治理方式和能力得到了极大改善，彻底改变了依靠退休老人或没有正式工作的家属开展居委会工作的局面，社区工作的专业化、标准化、职业化水平大幅提高。但是，和不断发展的社会需求相比，仍然存在许多不适应，主要问题是：

（一）社区规模大，治理社区像治理城市

有的社区过于庞大，社区工作只能满足于常规事务处理，根本没有时间和精力开展精准和精细的服务。根据中办发〔2000〕23号文件规定，社区规模一般应为1000户至3000户，也就是10000人左右。但实际情况千差万别，超过万人的社区很多，数万人的社区屡见不鲜。数万人的社区在国外就是一个中等城市的规模。大型社区由于社工人员有限，完全没有能力开展面向居民的精准精细的服务，更不要说精致的服务。有的社区社工工作多年后，连自己社区的边界都不甚了了，更不要说了解居民户了。

（二）社区过度行政化问题仍然比较严重

所谓社区行政化是指我国社区长期存在的一种现象：社区居委会侧重于完成政府及其派出机构交办的事务，行使委托管理职权，名为居民自治机构，实为准政府机构的情形。

社区行政化表现为：

第一，组织机构行政化。社区居委会往往被当作是乡镇（街道）

政府的下属单位，承担基层政府的部分职能，被视为政府行政权力的延伸。甚至出现了乡镇（街道）政府工作人员挤占社区居委会名额的现象。

第二，岗位职责行政化，社区居委会几乎成为“全能组织”，承担起上级政府各部门的较多职责。社区居委会的主要精力基本用于完成政府部门及其派出机构下达的任务，没有时间、精力、人员和财力从事社区居民的自治事务和服务社区居民。

第三，工作制度行政化，社区居委会制定的大多是内部管理制度、笼统的原则性制度、挂在墙上难以执行的制度，导致社区单位和居民难以参与到社区居委会的选举、建言献策、决议、执行、监督等环节，导致社区单位和居民参与程度不高、对社区居委会认同感不高，与“群众自治”的初衷有一定差距。

第四，人事决定行政化，面向社会招聘社区工作人员以及大学生“村官”越来越像是行政行为，这些学历较高、有着较强的行政能力和政治素质的人员通过行政渠道进入社区，往往在工作中偏向政府交办的行政工作而忽略社区自治管理，加剧了社区居委会行政化倾向。

第五，经费收支行政化，大多数社区居委会没有经济支持，社区经营能力较弱，多元投资机制尚未建立，无法将办公费用分配给社区居民，导致社区居委会工作经费缺口较大，只能依靠当地政府拨付的办公经费、各种活动创建资金、考核奖金勉强维持运转。

第六，考核机制行政化，在无法决定居委会“人、事、财”三大要素的前提下，少数社区居民在要求评议社区居委会工作时，往往面临居民参与不足、评议难以操作、评比结果无法对社区居委会产生影响等困难。与此相对的是，街道（乡镇）和政府职能部门的考核结果与社区的工作经费、人事决定挂钩，因此街道（乡镇）及政府职能部门组织的考核评比占据主导地位，左右着社区居委会的工作取向。

（三）社区管理和服务方法落后

在微观层面，社区管理和社区服务方法基本上属于自上而下的，行政化的组织、一厢情愿的服务、不平等的对话、官僚化的办事程序等，导致部分社区看似在群众身边，但却不在群众心里，年轻的社区居民对社区主任的熟悉程度不足。

社区服务方法主要存在的问题如下：一是主动服务不够，被动等待居民提出需求；二是花架子多、盆景多、展示多，解决实际问题不足；三是不切实际、自上而下组织的活动多，贴近居民家庭、个人的个案服务不够；四是为应付上级要求花费大量时间精力做“台账”、维护平台，处处“留痕”；五是发展、培育社区自治能力不足；六是动员和链接社区内外资源的能力不足；七是缺乏专业社会工作者，社区工作者专业能力不足。

（四）社会治理多元化格局尚未完全形成

多中心治理理论认为，在社会治理方面政府和市场的资源和能力都是有限的，政府和市场都是处理公共事务的主力军。与社会治理的内涵要求相比，社区的自治水平和能力差距很大，多元治理格局远远没有形成。进一步推动基层社会治理的体制机制创新刻不容缓。

案例 12

以网格力量创新社会治理，筑牢民生保障网

随着我国经济社会转型加快，基层社区日益成为社会群体的集聚点，也是社会治理的着力点。近年来，南京市江北新区沿江街道紧紧围绕“做精街道、做强社区、做实网格”的总体要求，触发内生动力生长点，全面提升、创新网格化社会治理工作，找准群众关切矛盾点，凝聚党心群心，以网格力量引领社会治理新格局，打通联系服务群众的“最后一公里”，不断提升人民群众的获得感、幸福感、安全感。

红色网格：强化党建引领，激发治理新动能

“红色网格”是沿江街道近年来提高“基层党建 + 社会治理”能力的一种探索。沿江街道将基层党建网和社区治理网“双网融合”，开展“红色网格”行动，密织联系群众“一张网”，努力实现“每个网格都有党组织、每名党员都在网格中”，为城市基层治理装上“红色引擎”。

在沿江街道冯墙社区，“红色网格”行动以“居民需求和社区服务创新”为出发点，以问题为导向，将网格服务切实融入到需求当中，真正做到方便群众、服务群众，实现组织架构纵向到底、横向到边，聚焦党支部、网格服务站、物业公司等职能，以“红色网格”职能优化居民小组、老旧小区的管理服务模式，变粗放式管理为精细化治理，将管理服务的触角延伸到各个网格内的方方面面，力争“小事不出网格、事事格中办”。

沿江街道“红色网格”强化党员带头发挥作用，着力构建以社区党组织为核心、社区党员齐参与的区域化模式，真正把服务落实在网格、各项活动融入网格，激励党员勇于“亮身份、

做表率、比奉献”，社区通过线上微信、线下入户走访等方式，掌握民情动态，了解群众需求，将一件件实事办在群众的心坎上，为社区治理注入红色血液。

社区“红色网格”服务的推进，时时处处彰显辖区党员担当和民生情怀。沿江街道的“红色网格员”作为服务群众的“代办员”、党群互动的“联络员”、矛盾化解的“调解员”、党的政策的“宣讲员”，积极推动社区党组织的政治功能和服务功能进一步增强，推动社区红色网格资源深度融合，社区治理体系更加完善。

智慧网格：“互联网＋政务”，提升基层“智治力”

“一机在手，智慧无忧”是对沿江街道网格员日常工作最恰当的描述，“每天我们的工作轨迹系统都会呈现出来，发现的问题会通过平台上报，手机已经成为我们不可或缺的‘武器’”。路西社区的网格员张静在工作站如数家珍地展示着便捷的系统操作。

高效工作的背后是对“智慧”社区的深度挖掘和不懈探索，通过对大数据、人工智能等前沿技术的有效利用，沿江街道走出一条“契合时代特征、体现沿江特色、彰显智慧力量”的社会治理创新之路。

近年来，沿江街道积极探索“网格＋网络”治理模式，自主创新“爱社区”综合服务体系智能治理平台，建立了沿江街道独特的大数据平台。利用该平台，街道网格化服务管理中心不仅可以实时查看采集到的网格信息，还可以为网格员分配临时工作任务，实时监控网格员的巡逻路线。网格化信息员通过挨家挨户走访检查，收集街道各社区的情况、物业服务、楼宇信息、居民信息等，将社区的“人、地、事、物、组织”全部纳入网格管理，并将这些信息整理到街道“爱社区”综合服务系统的智能平台中。

“爱社区”综合服务系统智能治理平台的应用，有效解决了信息“孤岛”问题，最终形成集信息采集、问题受理、行动调度、人员管理于一体的智慧城市治理大脑。同时，将沿江街道与责任清单、行政处罚清单和便民服务清单相结合，将城市管理、企业服务、便民服务、综合执法、矛盾排查等纳入网格，打造“全要素网格”。

全要素网格：资源融合共享，探索“多元共治”新格局

近年来，街道在基层网格化治理方面探索路径、打造“沿江样板”，建立了街道、社区、网格三级组织体系，构建网格化“1+N+X”模式，即由1名片区网格长、N名网格员与其他网格力量负责服务管理，确定“采集上报—受理处置—反馈考核”的工作流程，建立“网格吹哨、部门报到”运行体系，积极引导社会各主体共同参与治理，发挥“眼睛”作用，解决“群众看到管不了、政府管得看不见”的问题，真正调动“网格资源”力量，激活“多元共治”细胞。

2020年，江北新区“网格+警格”融合试点工作在沿江街道率先开展，细心的沿江居民可以发现，在辖区南浦路、百润路、泰冯路、滨江大道等主要路段显著位置多了四个焕然一新的“网格工作站”。

在不足十平方米的工作站里，每天都有民警、网格员、城管、交警在站内集中办公，根据各自在网格内的职责，联动推进日常类事件处置，形成相互协作、彼此监督的工作格局。

不仅如此，沿江街道为进一步优化基层服务水平，激发基层治理链条的“连环辐射”效应，年内将在8个社区建设完成“平安扣”工作站，实现社区民警、网格员力量融合、工作联动、运转高效的基层平安建设新格局。

全科社工：排忧解困，打通服务“最后一公里”

住在沿江街道的周奶奶快满80岁之际，网格员陈婷上门向老人详细介绍“尊老金”并主动提出帮忙代办，发现家里空调制冷效果不好，又帮忙清洗滤网，令老人感动。在基层工作十余个年头的陈婷经过不断摸索总结了一套“四提必知工作法”，即“提户知人、提人知事、提事知情、提情知策”，已在沿江街道网格化社会治理工作中得到全面推行。贯彻群众路线，感知基层需求。像陈婷一样的年轻网格员在看似离梦想很远的“基层社区”做着离现实很近的“群众工作”，他们身上的那抹“网格蓝”早已烙印在居民心中。

沿江街道围绕“做强社区、做实网格”改革总基调，探索“一岗多能、一人多专”的工作模式，制定了全科网格员素质提升方案，将所有网格员下派社区进行统一管理，融入社区各项工作，网格团队中形成“1＋X”的岗位结构，即一名专职网格员与社区多名专职社工共同学习各方面业务技能，分管多项民生事务，实现“简单的业务现场回复、复杂的业务对接处理、一气呵成的代理帮扶”，引导网格员通过提供精准有效的服务满足人民群众的需求。

从办事“跑断腿”到服务“送上门”，从遇到问题“谁都不管”到提出问题“多方监管”，沿江街道在基层社会治理这条道路上已走过多年，虽风景在变，但初心未改。在有序推进治理能力现代化的探索中，沿江街道将以它特有的优势顺势而为，全力打通社会治理“中梗阻”，激活社会治理“神经末梢”，力促基层社会治理真正实现共建共治共享。（来源：中共南京市委江北新区工作委员会宣传部江北新区融媒体中心，2020 年 6 月 29 日）

第四章　网格化社会治理的历史经验

当代中国社会治理现代化转型正在发生，即对传统社会治理关系和结构进行系统调整，形成现代化社会治理模式。2019 年 1 月，习近平总书记在中央政法工作会议上首次提出“打造人人有责、人人尽责的社会治理共同体”。2019 年 10 月，党的十九届四中全会提出“打造人人有责、人人尽责和人人享有的社会治理共同体”的要求。社会治理共同体的目标在顶层设计中反复提出，不仅为基层社会治理的建设指明了方向，也与当代中国现代社会治理转型的趋势不谋而合。网格化是基层社会治理的一种方法。从概念上来说它是一个创新，但从内容上来说，它并不是凭空而来，而是古今中外基层社会治理方法的发展。

一、国外的基层社会治理

国外尚未见到类似网格化社会治理的做法，但其他国家在基层社会治理方面的模式和做法，值得我们在实施网格化社会治理时借鉴。

世界各国由于传统文化、历史背景、政治制度、经济发展水平等各种因素的差异，在基层社会治理上所奉行的价值观、体制和方法不完全相同，可以说有多少国家就有多少社会治理道路。因此，很难准确地概括世界各国基层社会治理的模式。下面我们着重分析西方国家的情况。总体来说，西方国家的基层社会治理有以下几个方面的特点。

（一）基层自治

自治是西方基层社会治理活动的一个基本特征。在西方国家，没有必要就基层的治理问题向“上级”发出警报，甚至没有必要有上级的意识。利益冲突和公共事务可以在基层自行解决。地方政府、民间组织和社区委员会在职责、权利上分得很清楚。地方政府没有权力对基层社区发号施令，也没有太大义务为它们解决无尽的琐事。

案例 13

波特兰的邻里委员会

波特兰市有 95 个邻里委员会，每个邻里委员会下辖的人口不一，平均为 4000—5000 人。邻里委员会的性质是“由居民为了商讨和用实际行动解决影响其社区质量和实际生活诸问题而设立的自治组织，并且得到邻里参与办公室的正式认可”。邻里委员会的构成包括理事会（下设委员会）和办公室。理事会理事一般为 3—20 人，理事会一般设主席、秘书、财务委员、治安委员、规划委员、公关活动委员、沟通和信息传播委员等，每个委员通常就是一个委员会的负责人，理事的任期为2年，如果有20人以上的居民签名，即可罢免委员。办公室工作人员为3—5人，任期为1年，均为义务工作，无报酬。邻里委员会无固定办公地点，通常借住教堂或其他社会组织场地办公，每月召开大会和理事会各一次，选举大会每年一次。邻里委员会会议通常都是在休息时间抽空召开，往往是一边吃快餐一边开会。邻里委员会的职能主要是两个方面：一是向市政府提出建议，包括土地使用、住宅、社区设施、社区娱乐项目、公共交通、环境质量问题、公共安全、人力资源开发等，审议市政府财政预算中与社区有关的内容；二是邻里委员会内部事务，如调解纠纷等。[1]

美国政府主要通过培养公民意识和参与感来支持社区参与。在美国，从小学和中学开始，学校就非常关注如何培养学生成为全面发展的人才。除了为学生在课程设置上打好基础、实现知识的均衡发展外，还要求他们参与社区服务，即“志愿者工作”。尽管美国各州有不同的教育政策、大纲、要求和方法，以及对学生参与社区服务的不同规定，但它们都要求并鼓励学生积极参与。学校将学生参与社区服务作为评价的重要标准。除了成绩单外，每个学生都有一份社区服务成绩表。学生参加社区服务后，接受服务的单位将出具学生服务时间和表现的证明信，保存在学生档案中，并将学生表现量化到成绩表中。例如，在马里兰州，高中生毕业时的社区服务时间不能少于75小时，无论他们的成绩如何。许多大学，特别是哈佛大学、耶鲁大学、斯坦福大学、伯克利大学和西点军校，都要求提

[1]　夏建中：《美国社区的理论与实践研究》，中国社会出版社2009年版，第142页。

供社区服务证明，并优先考虑成绩优异的学生。

为了倡导青少年服务社区的风气，1993 年末，时任总统比尔·克林顿签署了《国家和社区服务法案》，鼓励青年为社区服务。该法案规定，美国政府将向志愿服务 1400 小时的青年提供 4725 美元的年度奖学金。这笔钱可以用于大学开支或工作培训，也可以用来偿还大学贷款。

（二）社会组织

通过社会组织实现基层社会治理是绝大多数西方国家的基本做法。100 多年前，托克维尔指出了美国人对社团的“热爱”，他说：“美国人一直在组织社团，不分年龄、等级或倾向。不仅有每个人都可以加入的工业和商业社团，还有成千上万的其他类型的社团——宗教、道德、严肃、轻浮、通用性有限、巨大、微小……每当有新的事业时，在法国是政府，在英国是权贵带头，在美国，你会发现是一个社团。”[1] 美国人对社会组织情有独钟和基层自治习惯，来源于美国社会特殊的形成背景，作为一个典型的移民社会，既没有家庭可以依靠，也没有健全的国家政治体系，只有从一开始就依靠自己解决自己的问题。

案例 14

美国的社区组织

托克维尔在《论美国的民主》一书中，将美国誉为“世界上最便于组党结社和把这一强大行动手段用于多样目的的国家”，他认为“从很小的时候起，美国居民就知道他们必须自己

[1] 托克维尔：《论美国的民主》，商务印书馆 1989 年版，第 209 页。

克服生活中的困难。他们以不信任和怀疑的态度看待社会主管当局，只有在迫不得已的时候才向它求援……这种精神也重现于社会生活的一切行为……人们的愿望通过私人组织的强大集体的自由活动得到满足”。

截至 2014 年，美国有 150 多万个正式登记注册的非政府、非营利组织，这个数字在此前的 25 年里增长了 25%。从拥有数十亿美元资产的大学到只有依靠小额资本运转的小型的、全部由志愿者组成、以社区为基础的草根组织，尽管这些组织在整体社会机构中的比例不到 5%，也只拥有整个国家资产的 2%，但是它们对于全体国民生活质量的贡献是难以估量的。它们不仅为国家的经济增长贡献了数以千亿计的美元，还雇用了 1500 多万人。在 20 世纪末，有近一亿美国人（其中有一半是成年人）为这些非营利组织提供义务工作，为其创造了超过 2000 亿美元的价值。这些非营利组织构成了美国社区工作的全部，并成为美国人参与社区建设和服务的基本途径，其服务领域涉及社区服务、文化、教育、治安、卫生、就业等居民需求的方方面面。[1]

案例 15

社区组织在应对暴力犯罪方面的贡献

纽约大学的一个社会学研究团队（夏基等人）对社区反暴力团体展开了一项新的调研。该项研究发现，那些以“应对暴力犯罪、建立更强大的社区”为宗旨的社区组织的普及程度与

[1]　李笑：《社区建设与管理实务》，经济管理出版社 2014 年版，第 136 页。

暴力犯罪率下降之间有因果关系：一个城市的社区组织越多，犯罪率下降幅度就越大。

该调研报告写道："根据264个城市在20多年间的发展数据，我们估计，对一个有10万居民的城市而言，每增加10个致力于消除犯罪和改善社区生活的组织，谋杀案率就下降9%，暴力犯罪率下降6%，入室盗窃率下降4%。"

夏基教授表示，调研的相关数据来自各类社区组织，从"经济开发区项目、课后辅导项目、药物滥用与成瘾治疗，到为刑满释放人员开展服务"，不一而足。研究人员还发现，在各类社区组织中，防止药物滥用和职业培训领域的组织影响力最大。

该研究不对分析犯罪率下降原因的已有结论做出判断，而是另辟蹊径，转而关注一个新的影响因素，即本地社区如何通过自发组织来抵御犯罪的成功实践。

哈佛大学社会学教授斯莫尔表示，关于社区组织对降低犯罪率的作用，存在着几种潜在的解释。社区组织可以影响其所在社区的公安执法方式。他们可以发挥政治影响力。或者他们可以在家庭间建立联系，以威慑暴力犯罪。"当你建立起社区的归属感，给年轻人事情做，并下决心解决药物滥用问题，把它当作一种可以改善的状况，而不是把人关起来的借口，那么每个人的暴力倾向都会随之减轻。"斯莫尔表示。

夏基指出，此次研究的主要局限性在于在全国层面选取调研样本，研究的组织类型太多，以致分析非常复杂。这样一来，要确认社区中最为有效的打击或遏制犯罪的组织类型就变得不可能了。"在我们调研的对象中，没有发现有哪一个项目可以独自在减少暴力方面发挥关键作用。”

他认为，接下来研究者应该关注何种组织可以提供应对暴力的最佳手段。其他同类研究发现包括暑期工项目、采用认知行为疗法帮助学生改变行为的学校项目，以及将空地改造成有用场所的社区项目都是有益的。

夏基表示，该研究结果可能对关于城市犯罪及生活质量的政策讨论提供重要线索。“我们现在正身处拐点。一直以来主要依靠警察和监狱系统来应对暴力的模式已经崩溃。”在城市寻找控制暴力的新方法之际，社区组织可以在保障居民安全方面发挥更大的作用。政府和慈善家们也可以助力培育更多的此类团体。“我们应该从城市到城市，从街区到街区，挨个调研，寻找出此类机构尚未立足之处，而那些社区正是最易受到暴力犯罪侵扰之地。”[1]

西方政府与公众、社会组织的良好合作关系，是其基层社会治理的传统，这种传统不仅有利于对公民权利的尊重，还有利于发挥公民的积极性、主动性和创造性，有利于社会治理活动的顺利开展，有利于公共资源的合理配置，使社会建设和治理活动达到并实现良性发展的目的。只有在合作治理的过程中，公众、社会组织和盟友的凝聚力、资源和政治影响力才会在复杂的网络中相互作用和影响，从而推动治理的进步。

从政府的“管理”向社区居民、地方行政、私营企业和社会组织等多元主体的“治理”转变，是近代日本基层社会治理的驱动力。

[1] 载《斯坦福社会创新评论》，2019 年 3 月 8 日。

现代日本的基层社会治理主要是指在社区居民主导的社区成员之间建立相互信任和沟通的社会资本，以激发社区居民的主要参与和社区的“活性”，从而提高解决社区问题的能力，促进社区发展的能力，最终将社区建设成为一个福利社区。多主体社区治理是日本社区建设的核心内容，“自立型地域社会”是其现实配置。“自立型地域社会”是指充分整合社区的各种资源（经济资源、政治资源、文化资源、社会资源），建立社区居民与各种资源的关系，激发社区的活力，使社区具有自我成长和改善机制，最终实现社区的整体福祉。“自立型区域社会”的具体内容包括四个不同层次，如社区经济自立、社区居民自治、社区社会教育和建立社区互助网络体系。这四个维度构成了现代日本基层社会治理的系统工程，促进了日本社区的发展。

（三）依法治理

在西方社会治理中，人们越来越意识到制度是关键的社会资本，是他们人际交往和社会发展的“软件”。因此，在各种治理和建设活动中，法律和制度被用来约束相关方的行为并明确其责任，这已成为真正使法治理念深入参与政府、公众和社会组织日常活动的不可或缺的因素，以确保社会建设和治理活动的有序发展。

在西方国家的社会治理中，制度分为三类。第一类制度是宪法秩序。它规定在集体选择的条件下建立基本规则，这些基本规则是制定其他规则的规则。这一类别主要包括社会治理中“建立生产、交换和分配基础的一套政治、社会和法律基本规则”。第二类制度主要是指宪法安排。事实上，这主要是公共治理中的操作规则。包括法律、法规、社团和合同。第三类制度是指规范性的行为准则。

几乎所有的美国人都知道犯罪记录是对每个人未来的打击。一个有犯罪记录的人在找工作的时候，需要牧师或者社区担保写信。所以，美国人一般不轻易触犯法律，美国社会的稳定有赖于法律的震慑效果。

（四）社会管控

显然，任何社会仅靠自治和社会组织是不可能维持社会秩序的，特别是现代社会，依靠国家的力量和科学技术手段，在尊重法律和个人自由的前提下实行监控，防止各种危害社会秩序和他人利益的事件发生，是各国的普遍做法。即使在标榜“自由”的美国社会，为了维护社会的稳定，管控也是无所不在的。

美国法律允许在未经被监控人员许可的情况下在公共场所安装监控设备。隐私保护只能在一些特定的“合理区域”提供，如厕所、更衣室、卧室等。然而，在公共场所对个人隐私的保护在法律上仍然是空白的。摄像头在美国之所以受欢迎，主要是因为“9·11”事件后，美国以反恐为名安装了大量摄像头。仅在纽约时代广场，就有 11 台摄像机从不同角度监视着这片“小土地”。美国国土安全部拨出巨额资金，加快在全国各地安装许多新的监控系统。据《每日邮报》报道，英国人口仅占世界的 1%，但监控摄像头却占世界的 20%，伦敦居民平均每天生活在 300 个摄像头的监控之下。英国警方经常将闭路电视录像作为确定嫌疑人有罪还是无罪的重要依据。

案例 16

美国警方发布地图疏散居民　不料暴露对左翼组织的“监控”

13 日，美国波士顿郊区数十座房屋发生爆炸后，马萨诸塞州警方在官方推特上发布了一张地图照片对事件作出回应。没想到的是，这张照片引发了一场全美论战，因为它把美国警方对一些政治团体进行“特别关注”给暴露了。

《卫报》称，麻省警方的网络监控中心成立于 2005 年，用于“搜集和分析任何关于恐怖主义和公共安全的情报”，据了解美国全国还有 100 多个这样的监控中心。

麻省警察媒体传播负责人大卫·普罗科皮奥向《卫报》表示，出于公共安全的考虑，警察有责任了解任何类型的、任何群体的大型公共集会，无论其目的和位置如何。“我们不收集任何群体的信仰或观点的信息，坦率地说，我们也不关心这些信息。”他补充道。（来源：观察者网，2018 年 9 月 17 日）

在智慧城市治理中，信息共享和使用涉及主体众多，信任和授权问题复杂，相应的非传统安全体系非常脆弱。西方国家已经制定了相对完整的非传统安全风险和危机管理体系框架。例如，英国的“渐进整体型”框架充分包括了风险在管理中的影响，以实现风险管理职能的全覆盖。美国的“国土安全”框架从国家战略层面将保护意识和降低风险理念融入国家风险管理体系，建立全社会融合参与的动员和运行机制。加拿大的“全面和平衡”架构将风险识别、评估和应对从政府治理实践扩展到组织结构、职能、流程和文化，并将风险评估结果纳入各级部门决策。

（五）信息化

1. 美国的大数据维稳

第一，重视数据资源采集和存储。

一方面，美国政府部门积极利用各种渠道加强相关数据资源的收集。例如，纽约市于 2003 年 3 月设立了一条公民求助热线，每天接听电话超过 5 万个，累计接听电话超过 1 亿个。求助热线能够提供诸如如何分类垃圾以及学校是否会在下雪天关闭等信息，还可以在地图上记录和标记 3600 多个类别的信息和答案，为深入分析奠定基础。另一方面，收集到的巨大的数字资源必须高效储存，美国政府通过自建和租赁的方式来解决这一问题。自建是指，美国国家安全局和其他政府机构建设了多个大型、非常大型的数据中心。例如，犹他州正在建造的一个大型数据中心可能会存储美国国家安全局的几乎所有 2022 年收集的数据，这意味着用户的电话记录、电子邮件、互联网浏览历史等都由美国国家安全局负责在此数据中心保留一份副本。与此同时，为了降低存储成本，美国政府实施了联邦风险和授权管理计划，为第三方云服务提供政府安全保障身份验证。亚马逊在 2013 年获得了云服务的认证。

基于数据挖掘技术，美国国家安全局（NSA）和美国运输安全管理局（TSA）开发了一个计算机辅助乘客筛查系统，为美国机场提供应用界面。该系统将乘客的姓名、地址、电话号码、出生日期等信息输入商业数据库，商业数据库会向交通安全局发送一个具有特定风险等级的数字分值。这一做法虽然侵犯了个人隐私，甚至对部分群体造成了歧视，但客观上也能起到一定的预防犯罪的作用。利用大数据预防犯罪是美国大数据稳定维护工作的重要组成部分。例如，加利福尼亚州圣克鲁斯市使用犯罪预测系统来预测一天中可能发生犯罪的关键地区和时间，并指派警察巡逻。三分之二的预测犯罪实际上发生了。该系统投入使用一年后，该市的入室盗窃案减少了 11%，汽车盗窃案减少了 8%，逮捕人数增加了 56%。

第二，大力支持大数据应用研发。

2012 年 3 月 29 日，美国政府宣布启动大数据研发计划，宣布了一项 2 亿美元的投资计划，以改进访问、组织、收集和发现大量数字数据信息的工具和技术。其中包括美国国防部的多尺度异常检测计划、网络内幕威胁计划、想象计划、面向任务的高度适应性云计划和国土安全部的视觉数据分析计划。这些项目的实施可以提高威胁检测、情报集成和应急响应的能力，对提高维稳工作效率发挥重要作用。此外，美国政府呼吁企业、研究机构和非营利组织共同推动大数据的开发和应用，这为相关工作尽快进入实践阶段增添了新的动力。

第三，推动维稳工作的市场化。

美国通过私营部门加强稳定，为解决这些问题提供了可能的方向。一方面，以国家力量的大数据的开发和应用可以加速产业链升级和高新技术的普及。另一方面，通过市场配置维稳资金和资源，在促进产业发展和增加就业的同时，可以利用市场竞争和淘汰机制，推广最具成本效益、最高效、最有效的维稳方法，从而大大提高维稳工作的整体质量。美国国家安全局利用这种技术，非法监控全球数百万互联网用户的电子邮件、即时通话和访问数据，严重侵犯了信息安全和个人隐私。如何正确使用这些技术，以促进社会稳定，值得我们深思。

2. 英国的游牧项目

Nomad（游牧）项目是由英国首相办公室支持的一个项目，旨在促进英国各地地方当局使用移动技术，以改善它们对移动工作需求的反应。游牧项目为地方政府搭建了一个平台，分享利用移动技术改善公共服务的实践成果，总结了各地方政府在移动技术领域的研究和实施成果，系统组织和指导地方政府开展移动技术在公共服务和管理中的系统试点。通过分享各地方政府在移动政务领域的经验，将通过试点技术的应用，全面推动英国地方政府提高工作效率和公共服务水平。

游牧项目还在与市议员的公共互动、社会服务统一评估、街道外观管理、iTex SMS 解决方案、移动办公室、建筑控制和移动墓地管理等领域建立了示范项目。这些示范项目可能通过政府工作人员携带的无线连接平板电脑，将公共服务直接带到工作场所，甚至带到公民家中；或通过手机短信提供公共信息服务或与市民进一步互动；或者通过移动技术与地理信息系统（GIS）、卫星定位系统（GPS）、视频监控系统（CCTV）相结合，大大提高城市管理的效率和质量。这些示范项目不仅要为其他地方政府提供详细的规划和实施步骤，还要提供一份关键问题清单，供其他地方政府学习，提供一个从完整的概念到实践的解决方案。

（六）国外基层社会治理的启示

国外基层社会治理的经验不能照搬，但可以借鉴。

1. 基层自治之路不可回避

当代社会越来越复杂，一切依靠政府自上而下维护秩序和满足需求，既无必要也无可能。日本学者发现，在日本，政府对社区的介入会导致居民自立意识和能力的下降与缺失。居民“认为自己缴纳了税款，政府理所当然要为大家修路，如果政府铺设的道路出现了裂缝或坑洞，任务就会要求政府去修补，政府方面也会回应：对不起，我们马上去办。每个政府部门的科室，几乎每天都能接到类似的抱怨和要求，居民们不再同心协力地去想办法，而是把所有与街区相关的事情统统交给政府部门，导致的结果是居民之间关系的日渐淡薄，虐待儿童、抑郁、自杀、孤独死等现象时有发生”。[1] 网格化社会治理，不能走政府管理社会之路，不能把网格化变成政府包办和管理一切。精准化和精细化绝对不是自上而下的代办包办，而必须把培育基层自治能力放到重要位置。

2. 依法治理

西方大多数国家没有庞大的政府机构和强大的政府资源，也远远没有像中国政府这样的高效和勤勉，但同样能够实现较为有效的社会治理，依靠的就是法治传统。许多国家的政府更替频繁，有时候甚至会出现政府关门的现象，但丝毫不会影响社会秩序，靠的就是法律。依法治理是善治的重要组成部分。

3. 信息化技术和智能化手段是当代社会治理的不二选择

互联网技术的应用是新技术嵌入社区建设和治理的热点。互联网技术进步的前沿无疑是人工智能的应用，即智能社区建设和社区智能治理。现代社会的不确定性和风险性决定了维护社会秩序的手段必须改革。西方社会大力发展监控技术，对可能危害国家或社会稳定的领域实施最严格的控制，值得我们重视。网络维护社会稳定，在信息化和智能化的探索上必须坚定不移。

4. 提高人的素质是一项长期任务

很多西方国家缺少强大的政府，也无法做到在社会治理方面的巨大投入，其社会能够实现自治的根本原因之一就是人的自律习惯和尊重他人、尊重秩序的意识。如在北欧、日本，都能看到人的素质在社会治理中的巨大作用。

---

[1] 山崎亮：《全民参与：社区设计的新时代》，海洋出版社 2017 年版，第 46 页。

案例 17

日本的社区参与

日本社区内的每户居民都必须缴纳“公利费”以维护大家共同的利益。每个房主在购房时都会签署一份合同，其中包括按时支付“公共利益费”。如果业主在搬进小区后不支付“公共利益费”，法院有权将其驱逐出社区。物业公司将“公利费”按月使用表，以家庭的方式让居民流通。楼门组长把这张表格从门缝里推到一号家庭，一号家庭看了表格并在评论上签字，然后把它放进二号家庭的门缝里……最后一家家庭签字后，将表格发送到楼门的回复栏，楼门组长将此表格退还给物业办公室。楼门小组组长每 3 个月轮换一次，从 1 号家庭开始。

在日本，社区工作可以用“全员参与、全员负责”来形容。以社区清洁为例。物业公司完成每个小区的日常清洁工作，并定期组织业主进行小区清洁（通常每三个月一次）。清洁前一周，物业公司会采取户户相传方式通知每家每户。届时，每户将有一人参加。如果你不能参加，你也可以付费（一般是交 5000 日元）。

废旧书籍和报纸的回收也是一个需要每个家庭参与的问题。在日本，废弃的书籍和报纸是不允许丢弃的，废品公司也不允许挨家挨户收集。为此，社区将每月的某一天定为扔掉旧书和旧报纸的时间。在这一天，每个楼门口都有一户人家负责收集旧书和报纸。这项工作也是每个家庭轮流自愿完成的。收集完成后，将通知废品公司将它拉走，并将出售废旧图书和报纸的收入作为活动资金退还给社区。处理社区事务时，社区中的每一个家庭都有权投一票，各个家庭平等。此外，社区内没有工作的离职人员、家庭主妇、老人、残疾人、物业人员、小孩等，还可以通过参加某一个社区组织的方式参与社区内的各项活动，以增加自己对社区的归属感和获得一定的心理寄托。

在日本，社区公共事务往往采用“中间人制度”来解决。所谓“中间人制度”，就是在利益关系和是非决定面前，事主自己不出面，事主向中间人支付一定的费用。对于无法靠协商解决的社区公共事务，就由社区居民共同选择一位德高望重的人作最后决定，大家都得服从；否则，必要时可申请法院强制执行。同样，邻里之间闹了矛盾，一般也求助于“中间人”进行一次性仲裁。[1]

二、中国传统社会的基层社会治理

由于传统社会农村地域辽阔，“皇权不下县”，行政力量不足以在基层社会进行有效治理。基层社会的治理能否顺利进行，在很大程度上取决于其自治制度，包括家族自治和更大范围的乡村地域自治。

（一）家庭和亲属关系

一个社会的秩序，在很大程度上不是“治理”出来的，尤其不是政府刻意“治理”的结果，而是文化塑造的结果，是一个社会的结构和综合环境造就的，文化与社会结构在社会秩序中的作用，是任何外在的力量无法取代的。[2] 中国传统的社会秩序，从文化上来

[1] 李笑：《社区建设与管理实务》，经济管理出版社 2014 年版，第 137—138 页。

[2] 亨廷顿等：《文化的重要作用——价值观如何影响人类进步》，程克雄译，新华出版社 2010 年版。

说离不开以儒家文化为代表的传统的塑造，从社会结构上来说，离不开家庭、家族和亲属结构的影响。

				高祖 父母				
			曾祖姑	曾祖 父母	曾叔伯 祖父母			
		族祖姑	祖姑	祖父母	叔伯 祖父母	族叔伯 祖父母		
	族姑	堂姑	姑	父母	叔伯 父母	堂叔伯 父母	族叔伯 父母	
族姐妹	再从 姐妹	堂姐妹	姐妹	己、妻	兄弟 兄弟妻	堂兄弟 堂兄弟 妻	再从兄 弟再从 兄弟妻	族兄弟 族兄弟 妻
	再从 侄女	堂侄女	侄女	子媳	侄 侄媳	堂侄 堂侄妇	再从侄 再从侄 妇	
		堂侄 孙女	侄孙女	孙子 孙媳	侄孙 侄孙妇	堂侄孙 堂侄孙 妇		
			侄曾 孙妇	曾孙 曾孙妇	侄曾孙 侄曾孙 妇			
				玄孙 玄孙妇				

图 4-1　传统的家户结构

家庭和家族是中国社会的底色。两千多年以来，国家以极少的资源便能治理好广阔的疆域，关键在于顺势而为，利用好家户底色及其家户社会功能。认识中国社会，离不开对家户功能的认识，研究中国社会治理，绕不开家户功能。主要包括以下三方面：

1. “齐家—治国—平天下”的治理逻辑。

2. “家庭—家族—宗族—亲属”的“差序治理格局”。

3. “家族—社区”聚落形态的治理优势。

当代基层社会治理，我们要继续善用家户及家户的社会功能。网格化社会治理同样离不开家庭户的作用，很难想象，一旦千千万万个家庭的教育和内部救助功能下降或丧失，基层社会将会变成什么秩序。没有正常的家庭功能，网格化也好，各种现代智能化手段也好，都无法保证正常的社会运转。

（二）邻里治理传统

邻里是不同于家庭家族血缘群体的地缘社会群体，善于利用邻里群体的社会控制功能维护基层社会秩序，也是中国古代的一个优良传统。历代统治者都注意到邻里在社会秩序方面的作用，朝廷通过赞许的方式，鼓励民间邻里组织在维护地方秩序、防止犯罪、救济救助等方面发挥作用。

乡约是一个多义词，大多指“乡规民约”，但同时，它也指一种基层社会组织，“乡约”是邻居和村民相互督促遵守的制度，以互助救济为目的，其本质是一种民间自治制度，所谓“官为民计，不若民之自为计”，从某种意义上说，这一制度也是邻里之间的社会控制制度。即在传统社会中，主要是在广大农村地区，由乡绅劝导、农民自愿组成的组织体。当然，规范和组织必须齐头并进，否则，如果没有相应的组织将乡规民约付诸实践，乡约也很难发挥约束基层人民的作用。

案例 18

吕氏乡约

人们普遍认为，乡治和农村组织制度在古代就已经存在。“吕氏乡约”是北宋吕氏兄弟在家乡蓝田发明的，故又称“蓝田乡约”，是北宋神宗熙宁九年所制定和实施的我国历史上最早的“村规民约”，因宋代皇帝对其倍加赞赏并在全国推广，所以对后世明清的乡村治理模式影响甚大。“吕氏乡约”内容丰富，包括德业相劝、过失相规、礼俗相交、患难相恤。其中之一就是典型的患难相恤，它是一种民间自发互助。具体包括：水火、盗贼、疾病、死亡、丧亲、弱者、诬告和贫穷八项，根据紧急情况，自行接近并知晓，告知主要事项或与盟约，给予救济。救灾措施根据灾害情况而定。如果发生火灾和水害，“小则遣人救之，大则亲往，多率人救之，并吊之”。如果遇上盗贼情况，“住在小偷附近的人会一起抓住他。如果抓不到他，他应该向他的乡邻伙伴报告，并尽最大努力逮捕小偷”。有人患有疾病的家庭，“小病就派人去探望、询问病情，如果病情稍微重一点，就要亲自遍访名医求医问药。对于贫穷且没有能力治病的乡邻，要给予经济资助”。“吕氏乡约”颁行后，经过南宋朱熹的修正和大力宣传推广，成为此后历代乡规民约尤其是明清各个时期、各个地方乡约关系和乡约制度的范本。

王阳明为了移风易俗、整肃地方风气，主持制定了“南赣乡约”。由此，一种以心学思想为指导，继承和发展了吕、朱以来礼学治国的主旨，并与明代社会和南赣地区具体情况相结合的新型的乡村自治模式在南赣问世。

案例 19

南赣乡约

“南赣乡约”第一条就是规定乡约组织的，这也可以视为明清乡村组织的典型：同约中推年高有德为众所敬服者一人为约长，二人为约副，又推公直果断者四人为约正，通达明察者四人为约史，精健廉干者四人为知约，礼仪习熟者二人为约赞。置文簿三扇：其一扇备写同约姓名，及日逐出入所为，知约司之；其二扇一书彰善，一书纠过，约长司之本条实际上设计了乡约的组织架构和人事编制，自上而下设有“约长”“约副”“约正”“约史”“知约”和“约赞”，各有司职。很明显，王阳明意图通过乡约，在该地方打造群众自治机构，且该机构还兼有某种“道德促进会”性质。这种彰善、纠过册子，就是后来明末清初在民间广泛流行的“功过簿”，用来检讨自己的言行。

这种组织载体在官方编制有限的传统社会中发挥着非常重要的作用。它是州和县政府及以上政府的喉舌，传达官方法律和政令；它也可以作为减压器，承担部分政府职能。乡约办事过程甚至可以被视为政府处理政务的一次预演，乡约也可以被视为它们权利的救济场所。小纠纷、经济互助、社仓义学，甚至桥梁和道路维修等许多问题都可以通过乡约体制解决。因此，乡村契约促进基层社会秩序稳定的作用毋庸置疑。

随着中国社会的转型和城市化水平的提高，传统村落社区的环境发生了翻天覆地的变化。农业时代的“乡约”和农村基层组织，注定无法再生产。但这并不意味着社区的消亡。相反，社区一直是最基本的基层治理组织，无论是城市还是农村。[1]

---

[1] 宋玲：《中国基层社会治理的传统智慧》，载《中央民族大学学报》（哲学社会科学版）2022 年第 5 期，第 110—118 页。

（三）正式的基层建制

中国自古就建立了一整套完善的基层治理建制，虽然“皇权不下县”，但并不意味着县以下就没有正式的社会治理建制了，恰恰相反，自秦汉开始，就设置了以“乡里制度”为代表的基层建制，从来不曾中断过，保证了基层社会在家庭家族和邻里群体之外，还有一套正式的治理体系。[1] 其中，民国时期的保甲制度就是乡里制度的延伸。

广义的保甲制可以认为是中国古代“伍什制”“里甲制”“牌甲制”“保甲制”等基层社会管理制度的统称，它以户籍为核心，以地缘为基础，以控制为目的。狭义的保甲制指 20 世纪 30 年代以来民国政府推行的农村管理制度，它仍然以户为基本单位，大多数地区以十户为甲，设甲长；十甲为保，设保长。其最终目的是加强国家对基层社会的控制，提高国家的财政汲取能力和社会动员能力。

按照学者杨红运的研究，[2] 保甲制之所以最终以失败告终，是因为：第一，保甲制只有自上而下的政治统制，缺乏民众本位的政治参与；第二，保甲制只关注社会稳定，很少关注社会发展；第三，保甲制对乡村社会的控制成本太高，代价太大。

尽管中国传统社会试图通过乡里和保甲制度来实现教化、税收、治安和征兵等基本社会治理功能。但是，村民们更看重文化和声望，甚至保长在乡村也没有地位。费孝通先生在观察农村纠纷调解过程时发现，负有调解责任的是村里的长辈，知书达理的文化人也是权威。无论是在村庄还是在保甲系统，根本目的都是国家试图加强对基层的行政控制，但没有成功。基层社会可以在道德教育、日常事务管理、争端解决等方面顺利运行，更多地依赖于家庭自治和地缘村庄自治。

[1] 仝晰纲：《中国古代乡里制度研究》，山东人民出版社 1999 年版。
[2] 杨红运：《复而不兴：战前江苏省保甲制度研究》，山西人民出版社 2013 年版。

三、乡村建设运动的历史经验

所谓乡村建设运动，是指20世纪二三十年代，以梁漱溟、晏阳初为代表的一批中国知识分子，在山东、河北、江苏等地开展的一场旨在改造中国农村社会并最终改造中国社会的社会建设运动。乡建运动的主要内容是：从扫盲开始的乡村教育、乡村新政治习惯改革、推广工商职业教育、以政府力量推动的乡村自治运动、以农民自卫为主要内容的乡村治安运动、以农业科技为代表的农业技术推广，等等。据统计，20世纪30年代全国从事乡村建设工作的团体和机构有600多个，先后设立的各种实验区有1000多处。

乡建运动作为近代中国社会改造进程中的一次实验，所取得的实际成效极其有限，总体上以失败告终。在整个中国近代波澜壮阔的历史变迁中，可谓小小的浪花一朵。但是，如果从社会治理的角度看，乡建运动留给人们的思考却不容忽视，甚至在实施网格化治理的今天，乡建运动的理论和实践经验教训，都值得认真思考和汲取。

（一）基层社会治理的效果要建立在经济发展基础上

脱离老百姓物质生活需要的社会改良，注定是要失败的。当时的中国农村，农民生活困苦，常有“春日当衣物，冬季卖耕牛”现象发生，在这种境况下，人们关心最多的还是生存问题，根本无暇顾及其他。就当时情况而言，当权者多以制度改良以使政令通达，即使采取了一系列拯救农村经济的措施如土地陈报等，短时间内也取得了效果，但对于当时的农村而言，并无实质性的帮助。实验县徒有空洞的“自治”组织，却未能考虑到百姓的真实需要，无法改善其经济情况。因此无法引起民众的兴趣，更得不到民众的支持，缺乏经济基础的社会治理，效果必会大打折扣。

今天的基层社会治理同样需要坚持这一原则，不能脱离经济发展搞社会治理。当前还有不少地方经济发展滞后、基础设施建设落后，在这样的情况下，网格化也好，或者其他的社会治理实验也好，都需要慎重，万不可急功近利。

（二）社会治理的顶层设计十分重要

一个腐败无能的政府不可能有效推动基层社会的变革。以民国时期的江宁实验县为例。南京国民政府的初衷是以江宁县为样本，然后将治理经验推及全国，但是政府的腐败却直接或间接地阻碍了要政的推行，实验所得经费，或是政府调拨，或是向民众征收，但对于经费，百姓徒有负担之责任，却无支配的权利，更不用说监督经费的使用了。而且所得经费经各级转手，常有克扣、剥削及浪费的现象产生，阻碍了基层社会的变革。

当代中国社会经过中国共产党的领导，已经彻底改变了近代中国政府无能的局面。在社会治理方面积累了大量的经验和资源，有能力做好社会治理的顶层设计。

（三）居民自治的难度超乎想象

以梁漱溟先生为代表的知识分子充分意识到把农民组织起来、提高农民的组织性和自治能力的重要性，也采取了一系列“组织能力建设”措施，但最终都以失败告终，这充分说明中国社会的特殊性。

网格化社会治理也需要动员和组织居民，提高居民的自治能力，但其艰巨性和困难程度仍然很突出，可以运用社会工作方法去进行干预，调动居民参与积极性，发挥社区社会组织作用，提高社区自治能力。

（四）社会治理需要尊重地方文化

借助外来文化促进乡村内部动力的形成，是社会治理走向成功的关键一步。我们知道，民国时期江宁实验县的主持者以及主要参与者，大多毕业于中央政治大学，接受的是西式教育，在理念价值观上多受西方文化影响，西方文化产自现代都市文明，而传统的中国社会则是小农经济文化，因此，即使他们怀着满腔热情致力于乡村建设，但由于东西方文化的差异以及近代以来的城乡隔阂使得乡村内部难以形成乡村现代化的推动力，改革自然难以成功。

（五）以人民群众的利益为本

社会治理的出发点是核心问题，治理的目的是为了统治者本身还是为了人民群众的利益，是为了政府管理的方便和“好看”还是为了老百姓的实际福祉，这是根本性的问题。从民国时期的社会建设实验县来看，虽是采取了一系列措施，但其本质上是为了实现政府对基层社会的有效管控，而不是为了自治的开展。如自治指导员的设立，其表面目的是为了推进自治运动的开展，但从实际情况来看，却有着浓重的行政色彩，土地调查表面上是为了减少农民负担，事实却是为了增加政府收入。这违背了社会治理的初衷，导致了改革的失败。

第五章　网格化社会治理的当代实践

创新网格化社会治理是加强和创新社会治理的重要工程，是解决基层管理困难、提高城市管理体系和当前管理水平的关键。关于网格化管理的初始版本，一般认为源于 2004 年北京市东城区的“万米机组网格化管理法”。后来，通过住房和城乡建设部的“数字化城市”试点工作，网格化管理推广到中国 51 个城市。

2013 年，党的十八届三中全会发表了要通过网格化管理来开展基层社会治理，文件重点指出“坚持源头治理，标本兼治、重在治本，以网格化管理、社会化服务为方向，健全基层综合服务管理平台，及时反映和协调人民群众各方面各层次利益诉求”[1]，标志着国家将网格化管理模式视为一种有效的、科学的、基本的能够应对普遍性的基层社会治理问题的治理工具。[2]

2015 年 4 月，《关于加强社会治安防控体系建设的意见》中

[1]《中共中央关于坚持和完善中国特色社会主义制度　推进国家治理体系和治理能力现代化若干重大问题的决定》，见 www.gov.cn/zhengce/2019-11/05/content_5449023.htm。

[2]　孙柏瑛、于扬铭：《网格化管理模式再审视》，载《南京社会科学》2015 年第 4 期，第 65—71、79 页。

指出，要把网格化管理与城乡管理相结合，将人、地、物、事等基础要素划分到管理范围内，实现信息精准到位、冲突调节到位、治安管理到位等。到2020年彻底完成各县（市、区、旗）网格化管理的全覆盖。至此，网格化管理成为全国基层推行的治理方式。

2015年12月，中央城市工作会议提出，要创新城市治理方式，加强城市精细化管理，不断完善城市管理与服务，彻底改变粗放型管理方式。同年，《中共中央国务院关于深入推进城市执法体制改革改进城市管理工作的指导意见》指出，要“推进网格管理，建立健全市、区（县）、街道（乡镇）、社区管理网格，科学划分网格单元，将城市管理、社会管理和公共服务事项纳入网格化管理”[1]。

2019年，中共中央办公厅、国务院办公厅印发了《关于推进基层整合审批服务执法力量的实施意见》，提出：“将上级部门在基层设置的多个网格整合为一个综合网格，依托村（社区）合理划分基本网格单元，统筹网格内党的建设、社会保障、综合治理、应急管理、社会救助等工作，实现‘多网合一’。强化党建引领，将党支部或党小组建在网格上，选优配强支部书记或党小组组长。合理确定网格监管任务和事项，科学配置网格员力量，实行定人、定岗、定责。推进网格化服务管理标准化建设，提高网格管理规范化精细化水平。整合现有设在乡镇和街道的党的建设、综合治理、社区治理、数字城管等各系统指挥信息资源，建立一体化的信息系统和综合指挥平台。强化信息共享和技术支撑，上级相关部门的视频监控等要尽可能接入基层综合指挥平台，实现互联互通、信息共享、实时监控、综合监测。建立健全发现问题、流转交办、协调联动、研判预

[1] 《中共中央 国务院关于深入推进城市执法体制改革改进城市管理工作的指导意见》，中国政府网2015年12月30日。

警、督查考核等综合指挥工作机制，实现基层管理跨部门、跨层级协同运转。”[1]

2019年，党的十九届四中全会提出，要覆盖网格化管理，达到政府治理和社会调节、居民自治良性互动，夯实基层社会治理基础。[2]

2022年，党的二十大报告强调，要完善社会治理体系。健全共建共治共享的社会治理制度，提升社会治理效能。在社会基层坚持和发展新时代“枫桥经验”，完善正确处理新形势下人民内部矛盾机制，加强和改进人民信访工作，畅通和规范群众诉求表达、利益协调、权益保障通道，完善网格化管理、精细化服务、信息化支撑的基层治理平台，健全城乡社区治理体系，及时把矛盾纠纷化解在基层、化解在萌芽状态。加快推进市域社会治理现代化，提高市域社会治理能力。强化社会治安整体防控，推进扫黑除恶常态化，依法严惩群众反映强烈的各类违法犯罪活动。发展壮大群防群治力量，营造见义勇为社会氛围，建设人人有责、人人尽责、人人享有的社会治理共同体。

案例 20

社会治理全方位　网格服务零距离

今年以来，南通市通州区东社镇网格化服务管理中心为加强基层治理体系和治理能力现代化建设，全面推行新型网格化管理机制。严北村积极响应，迅速部署，组建一支由干部、党员、微网格员、积极分子、妇女代表组成的网格队伍，投身乡村建设、疫情防控和基层治理等工作中，做到工作网格化、网

[1] 《关于推进基层整合审批服务执法力量的实施意见》，人民网2019年2月1日。

[2] 《中共中央关于全面深化改革若干重大问题的决定》(2013年11月12日中国共产党第十八届中央委员会第三次全体会议通过)，载《求是》2013年第22期，第3—18页。

格规范化、任务清单化、服务精细化，着力打造共建共享共治新格局。

一、建立问题源头发现机制

拓宽发现问题的渠道，充分运用线上线下各种手段，通过建立网格微信群、经常性巡查等措施，确保“问题隐患发现在网格，矛盾纠纷解决在网格”。近期网格员发现严西路路口砖石堆积，路面破损严重，电线脱垂，且村烘干房也在这条路上，经常有大卡车出入，以上现象存在极大的安全隐患，亟待解决。

二、建立任务协调处置机制

充分发挥网格长在本网格工作的指挥员、组织员、联络员“三大员”作用，对发现的民意诉求、问题隐患，及时组织力量解决，对网格内无法解决的问题积极对外协调，联络各级服务团队帮助处理解决。在严西路发现的种种问题，涉及多个方面和部门，严北网格及时联系镇政府相关负责人到现场实地勘查，拟定方案。

三、建立任务完成反馈机制

明确办结时限，各部门、各网格接到任务后，在规定时限内将完成情况进行反馈，如不能解决或需延时解决的，要说明原因。对于严西路的上述问题，在确定方案之后，涉及的网格及时启动整治方案，将责任事项分配到个人，确保精准到位。

四、建立监督考核奖惩机制

按照上级规定，结合本村实际制定村网格工作职责等制度，强化对网格长和网格员的培训、监督。按照分级管理的原则，逐级制定绩效考核标准并严格进行考核，对工作突出的予以表彰奖励。此次严西路的修整，也将进行奖惩考核。

东社镇始终把网格化管理作为长期坚持的重点任务盯紧抓牢，下一步将聚焦解决基层治理“碎片化”问题，以网格为依托，网格员采取主动服务的方式进行常态巡查、走访服务，第一时间了解户情变化、询问需求诉求、解决急难愁盼，变“让群众跑腿”为“替群众跑腿”，先行先试，勇于探索创新，优化网格地图，更新网格档案，不断探索基层治理新路径，从而推进各项事业的发展。（来源：《扬子晚报》2022 年 12 月 15 日）

一、北京的网格化实践

北京是国家电网网格化服务管理的发源地。十多年来，北京的网格化工作一直没有停止探索。2004 年，北京率先推出城市管理网格化模式，率先扩大社会服务管理和社会保障网格化，率先推进城市管理网、社会服务管理网和社会治安网三网融合。北京在网格化系统建设方面一直处于领先地位，初步形成了具有中国特色的网格化服务管理体系，对推动首都社会治理体系和治理能力现代化发挥着越来越重要的作用。它逐渐成为各级党委政府开展工作的“抓手”，成为居民生活的“好帮手”。

第一步是率先启动城市管理网格化。2004 年，北京市东城区率先实施城市管理网格化，主要是履行市政管理职责，将市政道路等公共区域划分为 1652 个“万米网格”，有效维护市政设施安全。随后，东城区网格化经验在全市迅速推广，并在全国推广。

第二步是社会治安网格参考应用。在 2008 年北京奥运会的筹备过程中，网格的概念已被应用于社会治安，作为“平安奥运”工作的重要措施。网格化从市政发展到公共安全，从管“物”到管“人”。社会治安网格化为首都的安全稳定作出了突出贡献。

第三步是加快社会服务管理的网格化。北京奥运会成功举办后，网格化已被引入社会服务管理体系。2015 年，北京市委、市政府发布网格体系建设“1 + 3”文件，明确提出“三步走”目标：一是到 2015 年底，实现区、街道（镇）、社区（村）网格化体系基本覆盖；二是到 2016 年底，基本实现城市管理网、社会治安网、社会服务管理网“三网合一”；三是到 2017 年底，基本实现全市网格“一体化”科学运行。

梳理过去十年来北京网格系统建设的发展，人们可以看到，它的实施领域已经从城市管理、治安扩展到整个社会服务和城市管理领域，从简单的“物”和“人”的管理扩展到所有“人、地、事、物、组织”的服务管理。如果说城市管理网格是专业的“小网格”，社会治安网格是产业的“中网格”，那么社会服务管理的网格，特别是正在建设的城市服务管理网格化体系，已经成为一个综合性的“大网格”，形成了一个全覆盖、无缝衔接的网络。

党的十九届四中全会对构建基层社会治理新格局提出了明确要求：“健全社区管理和服务机制，推行网格化管理和服务，发挥群团组织、社会组织作用”，“推动社会治理和服务重心向基层下移，把更多资源下沉到基层，更好提供精准化、精细化服务”。未来，北京市的网格化技术创新社会治理将进一步提升服务的精细化水平，主要体现在以下几个方面。首先，围绕民生，“小网格”将更好地服务“大民生”，为居民提供点对点、面对面、个性化、精细化的优质服务。其次，北京网格化城市服务管理创新将坚持政府主导的前提，构建网格化社会治理创新共同体；鼓励各类社会主体参与社区服务。再次，将完善网格化城市服务管理团队内社区工作者、各类协管员、街乡干部、社区（村）居民小组组长、楼栋门长等人员的管理机制，提高业务运作水平，建设一支政治过硬、作风优良、纪律严明、形象良好的网格化服务队伍。

二、宜昌的网格化实践

2011 年 11 月 24 日至 25 日，全国加强和创新社会管理工作座谈会在宜昌市召开。社区网格化管理的“宜昌经验”得到了党中央、国务院领导的充分肯定和代表们的赞扬。仅在 2012 年上半年，中国就有 268 个城市派代表团到宜昌学习。

现以宜昌市点军区牛扎坪村为例，通过对该村网格化管理现状、优势、存在的问题的分析，来了解宜昌的网格化实践。

案例 21

牛扎坪村网格化管理

宜昌市点军区牛扎坪村地处西陵峡口、长江南岸，被称为“三峡第一关”“坝上第一村”，紧邻葛洲坝水利枢纽工程，自古便是最著名的水上通商要道。该村土地面积 11.26 平方公里，耕地面积 69.33 平方公里，主要经济作物为柑橘和四季小杂水果；森林面积 380.99 平方公里。现有 4 个村民联组，常住人口 490 户 1810 人，劳动力 1132 人。2016 年实现农村经济总收入 2851 万元，其中，农业收入 530 万元，非农业收入 2321 万元，农民人均纯收入 9750 元。该村被评为省级、市级“美丽乡村”，有村两委班子 4 人，网格管理员 1 名，村后备干部 3 名，共青团、妇联、民兵、工会等群团组织健全，治保、民调、卫计、人社、民政等管理服务分工明确，工作开展井然有序。

一、牛扎坪村网格管理工作现状

自 2011 年宜昌市被确定为全国社会管理创新试点城市以来，该村的网格化管理工作主要包括以下几方面。

一是建立网格化管理体系。第一，建立了村级网格管理站，由村支部书记担任网格管理站站长，并设网格管理员一名，负责该村网格工作具体事宜，同时，整个村庄区域按照村组的面积进行网格划分，共有四个单元网格。第二，明确岗位和职责。村网格管理员实行村级统一招聘选拔，网格信息员由村民小组长直接担任。第三，依托信息平台开展全方位服务，平台包含村民、住户、房屋等基本信息，为全面服务村民提供基本信息保障。

二是提供全面的服务。以网格化管理、综合治理、维稳和便民服务三大板块为支撑，建立以党员干部、大学生村官、后备干部、网格管理员为服务纽带的高质量综合服务体系，提供政务、学务、服务和商务，打通为人民服务的最后一公里。同时，该村充分利用村级电视平台（四务通），集成电子政务、电子学务、电子服务、电子商务，村民坐在家里就可以通过电视看到气象预警、村务信息、农业资讯、农肥说明等最新资讯，极大地拓宽了村民获取信息、享受服务的渠道。

三是建立矛盾纠纷调处化解机制。通过矛盾纠纷月排查例会、领导下访等形式，全面摸排搜集矛盾纠纷，发动乡贤能人“金牌调解员”、治调中心户、网格管理站、综治中心的作用，第一时间发现矛盾苗头，早预警、早化解，将矛盾纠纷就地化解，确保“小事不出组，大事不出村”。

四是依托数字平台打造村民“信息库”。第一，村网格管理员配备“e 通”一部，可随时随地采集、更新、核查村民基本信息（人、房、户信息），并及时在宜昌市农村网格化管理平台登记更新；第二，建立村民信息电子档案，通过网格员入户收集例如村民户口本、身份证、医保卡、一卡通、残疾证、集体土地使用证、土地经营权证、林权证等证件信息，建立一户一档电子数据库；第三，开展信访进网格、食药进网格、党建进网格等工作，让网格员成为提供服务的“代理人”。

五是群团、社会组织参与基层社会治理，实现治理主体多元化。按照基层群众自治制度以及本地村民实际需求，该村先后建立了近 20 个组织体系及场所。各个组织按照各自章程开展活动，在不同领域推动基层社会治理，例如便民服务中心为村民提供政策咨询、手续办理等综合型服务，文体活动队组建了民间乐队、广场舞队、文艺活动表演队等多支队伍，多次参演区、乡两级文艺汇演，人民调解委员会由乡贤能人、村小组长、村两委班子等人组成，着力化解各类民事纠纷。

二、牛扎坪村网格化管理的亮点

牛扎坪村运用网格化管理助推基层社会治理现代化，在探索与实践中形成了自己的亮点与特色，值得借鉴和思考，主要体现在以下三个方面。

一是实现了扁平化管理。相较于“等级式”管理架构，网格化管理作为一个全方位的服务体系，直面人民群众和上级行政组织，形成了扁平状的组织形式，上级行政组织对基层自治组织的政策传达、基层组织对上级组织的社情民意传递都能“直达”，削减了层层上传下达的行政层级。

二是实现了信息化支撑。农村网格管理系统、矛盾纠纷排查化解系统、村民信息库、“e通”、“四务通”等电子化平台大大提升了牛扎坪村网格化管理的信息化程度，这些系统向下延伸到每家每户，向上集成到各级信息化平台，建立了一个大数据网络，通过大数据网络对服务对象、过程和绩效进行综合分析，可以有效地改进和优化政府组织的服务水平和能力，加强基层群众和政府组织的沟通联系。

三是打造了综合治理平台。对网格员进行日常管理；整合网格管理站的各种服务；参与村务管理和选举服务，并联系了食品药品、建筑，环境保护和第三方组织开展服务、发布信息和实施监督，从而实现对村庄的共同管理，增强村民的自治意识。

三、牛扎坪村网格化管理存在的主要问题

在探索和实践的过程中，不可避免地会出现一些问题。牛

扎坪村在网格化管理探索的道路上也存在一些亟待解决的问题，主要表现在：首先，村民对网格化管理的认同感不高。村民对信息收集表示担忧，担心个人信息泄露。其次，缺少专职、专业网格员。三是村民自治能力偏弱。上级政府“手”太长，村民缺乏参与社会治理的积极性。

四、优化农村网格化社会治理的路径

实践过程中，牛扎坪村所折射出来的问题具有一定的典型性、普遍性，如何解决好这些问题意义重大。一是治理主体多元化。上级政府组织应逐步将权力下放给其他治理主体，赋予其更多自主权，将“统一”治理转变为“多元”治理模式。二是治理过程去行政化。淡化村民自治过程中的行政色彩，突破行政约束，凸显村民自治。三是治理手段智能化。信息化、智能化要以提高服务质量和效率为导向，建设集事件报告、指挥调度、配送监督、检查考核于一体的社会综合治理平台。[1]

宜昌模式最大的亮点在于其人性化的服务。它聚焦许多社区管理的空白领域和薄弱环节，通过数千名网格管理员的零距离服务，倒逼政府和基层干部围绕群众和问题转。另外，宜昌采用公开选聘网格管理人员的模式，采用政府雇员制度，只需按照合同履行职责和义务，基层政府部门主要负责培训、监督、考核等职责。这些网格管理员被当地人亲切地称为“宜昌格格”。

[1]　郭都：《农村网格化社会治理模式探究》，载《农村经济与科技》2019 年第 30 卷第 1 期，第 223—225 页。

三、上海的网格化治理实践

（一）上海城市网格化综合治理现状

2014 年，上海网格化综合治理内容增加了“12345”等相关投诉处理服务热线，并整合了工作机构，区网格化工作领导小组办公室、区市民热线办公室、区应急管理中心“三合一”。各条线职能部门将网格化和市民服务热线工作统一到一个分管领导、一个处置终端。2015 年，上海的网格化治理从 10 类 120 个组件和事件增加到 12 类 184 种集成管理组件和事件。网格化治理从城市治理领域逐步扩展到人口管理、社会治理、安全生产监督、公共卫生、文化教育等领域，实现了城市治理的全面覆盖。

1. 上海城市网格化综合治理基本情况

上海城市网格化综合治理组织机构与职责：

各区网格化综合治理中心负责综合规划、日常管理、案件调度、监督、结案、评估、信息系统维护等工作。街镇综合治理中心则负责指导村居工作站管辖范围内订单的检查、调度和调度，村 / 居工作站负责指定专职监督员，并负责辖区内城市综合治理组成部分和事件信息的收集、协调、处置和监督。详见城市网格化综合治理工作机制示意图（图 5-1）。

2.“12345”市民服务热线基本情况

各区政府负责统一领导辖区内的市民服务热线管理工作，建立健全议事决策工作机制；网格化综合治理领导小组负责协调市民服务热线的建设和运营，统筹和协调相关职能部门的考核工作；市民服务热线治理办公室负责日常管理，制定考核办法。“12345”市民

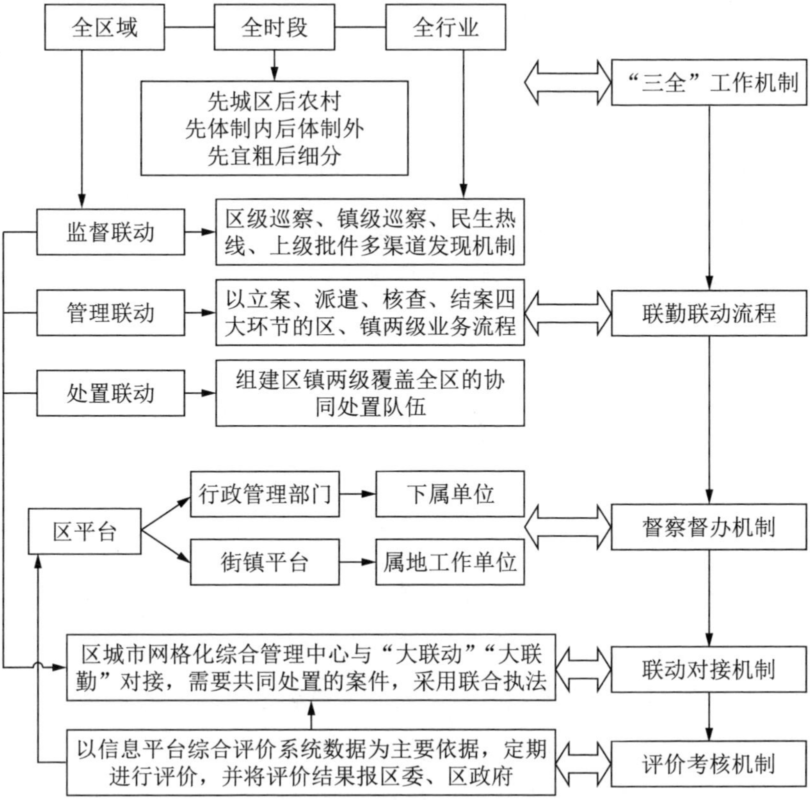

图 5-1　城市网格化综合治理工作机制示意图

热线的诉求类型主要包括投诉举报类、求助类、咨询类、意见建议类。网格化综合治理中心在加强派单流程、提高派单准确性的基础上，注重对疑难案件的协调监管，搭建协调沟通平台，联合各部门进行重点推进。

3. **城市网格化综合治理特征**

（1）数字化治理。部门间的信息互联、统一数据标准、城市网格化综合治理信息系统和相关行业管理系统互联互通、信息共享。

（2）精细化治理。城镇居民社区和农村地区，以居委会和行政村委会为单位进行治理网格化，对村居进行自查和监督。在基层治理单元科学设置治理网格，逐步将直接关系群众基本生活的事项纳入治理。

(3) 即时性治理。动态事件的快速处理。区网格化综合治理中心控制动态，及时监督处理，定期进行评估、分析和报告；每月书面通报各街道、乡镇和承办单位的处理情况；季度数据分析，并在区政府常务会议上发表意见；抽查责任网格案例，总结分析案例发现。

（二）城市网格化上海治理模式的发展展望

1. 服务态度向主动式转变。在城市网格化治理中，上海市正在加强多主体协同治理，为基层网格化治理提供团队资源保障。政府发挥主导作用，购买社会服务项目，承担相关辅助工作，协助执法人员有序开展工作，形成政社合作的治理模式；在社会力量方面，鼓励公众参与，增强公众意识，充分发挥志愿者的作用，鼓励志愿者积极参与，实现多元主体优势互补。[1]

2. 培育社区自治力量，推动社区服务的市场化。上海市通过“社工 + 义工”的方式承接社区居委会的行政职能，让居委会回归自治本质，推动社区治理的民主化和科学化。

例如上海市虹口区开始试点网格化综合治理服务改进，把社区百姓议事厅、老人服务中心和社会组织服务中心等机构统筹到一起，让居民在十五分钟以内搞定“家里事儿”。虹口区的网格化综合治理服务试点，本质上说是把基层网格化治理与社区“一站式服务”结合到了一起，体现了基层社会治理的创新。

[1] 罗娟、张凯丽、王舒心：《上海城市网格化管理存在的问题及对策》，载《科学发展》2019 年 11 月第 132 期，第 76—82 页。

四、南京的网格化创新

南京是一个富有创新精神的城市，2018 年，由首都科技发展战略研究院发布的《构建创新之城——中国创新城市 TOP10 的启示》研究报告显示，南京创新总指数排名全国第五。在国内网格化社会治理探索实践中，南京虽然不是起步最早的，也不一定是做得最好的，但做得扎实，创新点多，为南京建设创新名城增添了又一个内容。

（一）领导机构与政策

作为江苏省首批试点单位，南京市委、市政府高度重视、专题研究，市委主要领导多次听取汇报、作出指示要求。市级层面组建由全市 47 个部门参与的创新网格化社会治理机制领导小组，各区均成立由区委或区政府主要领导担任组长的工作班子，明确相关部门职责任务，定期召开会议，研究重大问题，推进面上工作，形成联动格局和工作合力。开展系列调研活动，组织市区两级政法委书记两次参与“一日网格员”体验活动，围绕整体设计、信息体系、工作模式、事项清单等重点工作规划，广泛听取基层和群众意见，征求专家学者建议，最终形成以《南京市创新网格化社会治理机制的实施意见（试行）》为主体，涵盖党建引领、网格划分、平台建设、网格清单、人员管理等方面的“1 + N”制度体系，为推进工作提供基本遵循。组建市级网格工作专班，抽调市民政局、市公安局、市司法局等部门人员集中办公，各区相应采取专班实体化运转模式，建立定期研讨、挂钩联系、督查督办、信息报送汇总等制度，形成组织有力、指挥畅通的运行体系，推动各项任务落地落实。与此同时，全市各区也都相继成立了网格化社会治理领导机构，出台了相应文件。

（二）网格划分

按照构建全市基层社会治理“一张网”的要求，研究制定《南京市社会治理网格划分规范》，既坚持相对统一标准，又因地制宜实施，并与公安部门“一标三实”相衔接，组织各区对社区网格进行划分，实现信息共享互通，减少重复劳动，提升工作效能。按照“网格统一规划、资源统一整合、人员统一配备、信息统一采集、服务统一标准”的要求，将各部门、各条线延伸到基层的涉及社会治理的基础信息采集工作，统一纳入网格，形成《网格服务管理事项基本清单》七大类 80 项，涵盖党建引领、矛盾纠纷、社会治安、公共安全、城市管理、环境保护、民生服务等领域，实行一体化推进，实现由分治到共治的转变。如在江宁区打造“全要素”网格，汇聚整合 17 个部门职能，在社会治理网格上叠加党建网、城管网、市场监管网、安全监管网、环保网等专项网格，编织形成全区六网合一、一网覆盖的格局。全市共划分网格 12990 个，其中综合网格 10484 个、专属网格 2506 个，切实做到了纵横覆盖、不交叉重叠，全面建成覆盖城乡、条块结合、横向到边、纵向到底的服务管理网格体系。

网格划分过程总体平稳顺利，得益于事先制定的划分标准比较符合实际，即每个网格的户数和原社区社工人均负责的居民户数大体相当，这样保证了大多数社区可以在不增加新的人员的情况下开展网格化工作，这个思路是符合实际的，因为网格化治理不能以大幅度增加人员成本为代价。关于网格划分，国家并无明确指导性规定，各地执行标准各异。基本以“户”为标准进行划分。舟山：

100—150 户；广州：200 户左右；宜昌：300 户左右；长沙：100—500 户。南京的划分过程一般都是按照市上的统一规定划分，即综合网格 300—500 户。但实际划分构成中，也存在多种情况：

按社区现有社工人数划分，最多的一个网格达到 500—600 户。

按社区自然状况划分，多半是一个小区一个网格。

按距离社区远近、面积大小划分。

农村网格基本上以原先的村民小组（队）为准，或充分考虑当地村庄的自然分布，比如溧水有一个网格就是孤村，只有 60 户村民。

充分考虑网格的复杂性，如有没有农贸市场等。

除了综合网格外，南京还针对一些商业集中区域、单位周边等原来没有有效纳入社会治理范围的区域进行了网格划分，称之为专属网格。

（三）网格员队伍建设

据统计，南京的网格员女性居多；大专以上学历占 84%，还有少部分研究生；近五分之一的人为新进入职的；35% 的人拥有社工资格证。可以说，南京的网格员队伍的文化程度和职业化程度都比较高。

南京推行以网格员为主的“1 + N”治理模式，广泛吸纳社会各界力量，形成“一员多用、多员合一”的网格工作队伍。配齐配强专职网格员，明确规定每个综治网格至少配备 1 名专职网格员，每个专属网格应明确至少 1 名相对固定的网格工作人员，专职网格员主要由社工担任，不足部分通过面向社会公开招聘产生；有多名网格员的网格设置网格长，由社区（村）“两委”委员、社区工作者等担任，并积极发动有关单位、管理机构分管领导或职能部门负责人担任专属网格的网格长。全市共配备网格员 30025 名，其中专职网格员 10983 名，兼职网格员 19042 名，凝聚各方人员力量，实现网格事务共商共治。

专职网格员队伍的构成，主体是由现有社区工作者担任（即社区工作者转岗），特别是主城区，如玄武区、鼓楼区，没有新招聘网格员，完全由社区社工担任。有的社区主任和党组织书记既担任网格长，同时也是网格员，有的社区社工人数充足，主任和党组织书记不做网格员。

还有不少区由于现有社工缺口大，根本无法满足每个网格一个网格员基本条件的需要，启动了网格员招聘工作。截至 2018 年 12 月，已经完成招聘或正在进行招聘的有江宁、浦口、溧水、六合、雨花和秦淮等区，共招聘网格员 2000 多人。其中江宁走在全市前列，出台《关于加强专职网格员队伍建设的实施意见》，率先开始招聘工作，先后进行了两轮，招聘由各个街道分头组织进行，共招聘网格员 1094 人。

除了专职网格员队伍建设外，南京还建设了一支兼职网格员队伍，他们的主要构成是楼栋长、党组织支部书记、志愿者等。为了推动发展兼职网格员，南京广泛吸纳退休老党员老干部、热心社区事务的党员群众、楼栋长、物业人员、业主委员会成员等担任网格员，在收集上报信息、排查问题隐患、预防化解矛盾、服务居民群众中充分发挥作用。如栖霞区仙林街道坚持党建引领进网格，每月组织网格党建联席会议，召集驻街单位、居民代表商议网格事务，并组建了“万家欢”等 56 支志愿服务队，服务网格内居民群众。

有的人认为兼职网格员不应该叫网格员，而是信息员。但调查中，大多数人认为兼职网格员非常重要，许多工作需要兼职网格员帮助做，特别是农村网格，原来的村民小组长最了解情况，群众也熟悉，诸如信息采集之类的工作，只有他们才能协助完成。但兼职网格员的报酬是个大问题。有人认为，兼职网格员队伍应该受到关注，门槛标准应该有所规定，把它作为基础社会治理的一支力量。

（四）网格化工作阵地和网格员工作条件建设

为了保证网格员开展工作，各区都进行了设备配置等工作。江宁区配置最齐全，手机、工作服、集中办公场所、待遇等，都做了比较充分的准备，甚至连网格员办公地点（网格片区中心）都独立于社区，网格员在那里有自己的办公生活空间，也可以在那里举办网格内居民活动。部分街道配置了工作牌或工作服，但也有很多街道没有。

（五）信息化建设

南京市全面推行“网格 + 网络”“网格化 + 信息化”社会治理模式，实现网格化社会治理工作更精准、更精细和更高效。按照“一个终端、一个系统”要求，研制市级层面信息化建设方案，构建全市统一的网格终端“社区治理一体化平台”，满足网格、社区、街道、区、市五级应用，形成“信息采集、网格巡查、重点监管、队伍管理、社区服务、社区党建”六大类 56 个业务模块，以及智能派单、联动会诊、社会共治等特色功能。积极推动一体化平台与各条线信息数据库对接交换，实现数据同步、业务流转、共享融合，形成统分结合、整体联动、共同参与的工作格局，平台已实现综治、公安、司法、房产、民政、安监等 14 个部门数据的推送与分发，包括基础数据、业务部门数据、社区服务数据、网格巡查数据、重点监管人员数据等，实现数据的整合共享、关联集成。平台向网格员推送人口、房屋、单位、地址等各类基础数据信息达到 1319 万条，网格员采集基础信息 103.18 万条、核实 349.21 万条，回馈部门数据 102.26 万条。这一平台被省专班确定为全省标准化平台之一，并实现与省社会治理数据库的对接共享，共上传 78 类、近 900 万条社会治理数据。

南京市公安局牵头开发了网格化社会治理研判分析系统，该系统是网格化社会管理信息平台的决策研判平台。通过动态、及时地掌握社区治理一体化平台运行过程中的大数据，使用科学的方法，基于社区相关的大数据进行数据挖掘和分析，在安全稳定维护、社会救助、城市管理、社区服务、风险防控等领域，提供科学的规则和专业的分析，全面推进大数据应用，优化资源配置，丰富服务内容，为决策者提供辅助支持。

（六）其他网格化社会治理工作及其效果

实施网格化社会治理工作以来，除了上述基本建设以外，还开展了以下网格化社会治理工作并取得了初步成效：

1. 人口信息采集

网格化初始阶段的首要工作就是人口信息采集，这也是推进网格化最大的项目。人口信息采集是网格化社会治理的基础工作，几乎所有的网格化治理任务，都要建立在准确的人口信息基础上。尽管有些人对此工作不尽理解，甚至认为这是侵犯公民权利，担心人口信息会泄露从而给自己带来麻烦。但是，在公安和社区的大力推动下，绝大多数居民都能够理解和支持相关工作，使其稳步推进。

2. 常态走访和隐患排查

网格员的日常巡查是发现隐患的基本工作方法。按照“实施意见”的要求，网格员要“实行日走访、周分析、月汇总制度，网格员每天对网格进行基本巡查走访，每周进行一次全面排查走访”。在网格化初级阶段，网格员要完成人口信息采集任务，走访任务更大。

隐患排查是网格化的任务之一，也是网格化社会管理功能的主要实现途径。在网格化实施前，有些城市出现重特大恶性事件，网格化的目的就是要及时发现隐患，防患于未然。这个工作不像人口信息采集那样集中，是网格员的常规工作。网格化实施不到一年，这项工作已经初步显示了其作用。

3. 网格化社会服务

南京网格化社会治理一开始就把社会服务纳入核心任务，确定网格服务事项基本清单七大类80项内容，涵盖党建引领、矛盾纠纷、社会治安、公共安全、城市管理、环境保护、民生服务等多个领域，通过信息手机采、流程线上转、服务全联动，让社区工作更加贴近群众。“社区治理一体化平台”还推出多项网上便民业务（证件办理、补贴核验、开具证明等），让群众足不出户就能办成事、办好事。同时，扫描二维码门牌，群众还可获取更多自助式政务服务（“出租房屋报备”“流动人口登记办证”“户籍业务办理”“呵护家园”）等应用，为自主参与社区治理提供了渠道。

基层社区对网格化社会服务功能的认识比较清楚，那就是利用网格更好地为民服务。由于大多数网格员都是原有社工兼任，网格员的身份不过是更具体地划定了自己的工作范围，具体的工作内容和以往有许多重合，人还是社区居民，事还是那些琐事。由于网格划定后社工的责任范围更具体，所以他们的服务比以前更方便、更频繁。

有的网格员利用社区提供的场地开展居民文化活动。比如江宁区东山街道创新性地建设中心网格（片区网格中心），通过租用等方式建设公共活动中心，让几个网格的网格员入住并开展居民活动。

有的网格员引进或带头举办社会组织，通过社会组织引进公益创投项目和其他服务项目，开展为民服务。如仙林街道下辖的网格，共培育“亲近母语”等17支草根社会组织，引入335个高校社团，几乎每一个网格都有社会组织在活动。

许多网格员通过“网格+网络”方式开展与民互动。江宁大多数网格员都建立了网格微信群，越来越活跃，居民开始在微信群里讨论问题和反映情况，体现出网格化社会治理的力量。栖霞全力推行“掌上云社区”，明确要求“一个网格一个微信群”，网格长担任群主，共建立了858个微信群，大多数比较活跃，至少已有5万多成员，“24小时不打烊服务”“线上协商议事”新模式初现。

由于网格化的优势已经初现，一些部门或行业也开始关注网格并试图将其业务与网格叠加，实现网格化社会治理和行业服务的整合，更有效地服务群众。银行、气象、安监、城管、烟草、平安志愿者、关工委……等部门的网格正在向一体化网格靠拢。

五、网格化实践的经验

从基层社会治理的角度上看，网格化实践主要的经验是：

（一）党委领导、政府负责的社会管理

依靠国家的力量，开展自上而下的社会管理。加强国家对社会的管理是新中国成立后长期以来坚持并行之有效的维护社会稳定模式。尽管“社会管理”的理念在近年来开始被扬弃，代之以“社会治理”，但实际上，即使在今天，以党和政府推动为特征的社会治理仍然是中国社会治理的基本模式，民间力量和社会组织开始生长和发育，但远远没有成为基层社会治理的主导力量，社会治理的资源

调动、保障措施、体制制度、人员队伍、工作方法，主要来自国家。包括网格化社会治理的提出和推行，也是自上而下进行的。实践证明，这一套社会治理模式适合中国社会的特点。

（二）五社联动

五社联动指的是社区、社会组织、社工、社会资源及社区自治组织的联动，旨在加强农村留守儿童等特殊未成年人群体的关爱救助保护工作，使其学有所教、困有所帮、爱有所依、托有所居、居有所安。“五社联动”以满足居民需求为导向，通过政府购买服务，实现社区治理的专业化、精细化，让社区居民生活更有质感，幸福指数提升。

案例 22

苏州“五社联动”赋能“善治之城”

苏州近日印发《关于推动发展“社区慈善基金”的行动方案（2022—2025 年）》，广泛动员社会慈善力量参与基层治理，促进社区和谐发展。

这是苏州在“五社联动”上进行的最新探索。“五社联动”是在过去社区、社会组织、社会工作者“三社联动”机制基础上，将社区志愿者和社会慈善资源纳入其中，实现社会力量优化组合，形成基层治理强大合力。

持续推进“五社联动”，为苏州基层社会治理注入新动能。时任省委常委、苏州市委书记曹路宝在此前苏州市域社会治理现代化试点工作现场推进会上指出，苏州要坚持问题导向，强化“落地落实”关键举措，全力推动社会治理效能显著提升，将苏州打造成一座善治之城。

一、从“最后一公里”到“最好一公里”

从“三社联动”到“五社联动”，苏州探索走出一条以社区为平台、社会工作者为支撑、社会组织为载体、社区志愿者为辅助、社会慈善资源为补充的基层社会治理新路。

不久前，在苏州高新区狮山横塘街道社会组织服务中心，由狮山横塘街道社区发展基金会联合高新区慈善基金会发起的“‘我们在乎’——你的公益‘微’梦想”项目汇报会上，12个已落实的项目涉及助力贫寒学子、关注失独老人等方面。

家住狮山横塘街道馨泰花苑的小雨（化名）就是项目受益者之一。小雨母亲身患白血病，全家生活陷入困境。但小雨并没有消沉，主动帮助父母做好家务后，便在家里仅有的小饭桌上写作业。来自馨泰社区社工室的社工黄萍了解情况后，便向基金会提出申请，“我希望给小雨一个书桌组合柜，让她能有一个自己的小书桌用于学习。”很快，经过公益微梦想征集、专家评审等环节，小雨拥有了自己的书桌。

挖掘社会慈善力量，是苏州积极探索“五社联动”的生动实践。苏州97个乡镇（街道）建立“社区慈善基金”，成功实施118个慈善项目；565个村（社区）建立“社区慈善基金”，引导5200万元慈善资金下沉基层一线。

如今，在苏州城乡大地，社工站工作人员忙碌的身影随处可见，“五社联动”迸发勃勃生机。截至2022年，苏州全市建成99个乡镇（街道）社会工作站、1191个村（社区）社会工作室，逐步实现基层社会治理由“最后一公里”到“最好一公里”。

二、制度设计打牢基层治理基础

常熟市海虞镇海福新城社区是一个以动迁安置为主的大社区，常住人口1.3万多人。搬迁之初，不少人在楼道堆积杂物、高空抛物，邻里纠纷时有发生。回想起当初的治理难题，海福新城社区党委书记徐月红仍记忆犹新，社区为此建成1000多平方米的一站式矛盾纠纷化解中心，依托中心，通过党建引领，激发“五社联动”活力。数据显示，矛盾纠纷由当初每年1000多起，下降至现在50多起，纠纷化解率达99%。该社区先后荣获省民主法治示范社区、省城乡基层援法议事范例等荣誉称号。

整合资源、联动治理，就地化解社区矛盾，“五社联动”正在激活基层治理“一池春水”，而其背后是苏州把制度设计挺在前的思考和探索。

2016年，苏州提出社区治理现代化的制度设计，出台《关于加快推进城乡社区治理现代化的意见》，重新架构社区治理体制机制，明确“多元主体共治、多层协商共谋、多方联动共推”现代化建设基本路径。此后，又相继制定《全面推进城乡社区治理现代化的行动计划》《关于全面推进社区服务社会化试点方案》等12个配套文件。

以社区服务社会化项目为例，苏州通过向专业社工机构购买常态化、综合性社区服务，并不断从项目内容、过程监管、绩效评估等方面完善项目管理，推动社区治理领域的社会化、项目化、专业化。截至2022年，苏州仅社区服务社会化项目累计投入就超过3亿元，有100余个专业组织、1000多名专业社工下沉社区提供服务。

制度设计为“五社联动”打下坚实基础，苏州还突出队伍建设，筑牢人才强支撑。戴银燕是苏州市汀斯社工师事务所的一名中级社工师，“这些年，我参加了民政系统组织的个案小组、社区治理等培训10余次，能力和素养得到明显提升”。从6年前的“社工小白”到今天的专业人才，戴银燕从培训中获益良多，由她负责的《“五社联动”奏响基础治理新篇章》项目荣获苏州市城乡社区治理优秀创新案例奖。

针对新入职社工、社工机构负责人、项目主管等，苏州分类分层次开设课程。同时，依托高校社会工作专家资源，大力实施社会工作督导人才培养计划。近年来，苏州仅市本级就累计投入近500万元举办各类培训和继续教育，受训超过9000人次。

三、让“五社联动”激发更多活力

今年是苏州市争创市域社会治理现代化示范城市三年行动计划（2020—2022年）的收官之年。苏州市民政局局长陈正峰表示，苏州市民政系统必须在更高站位上以系统思维扎实推进每一项工作，让“五社联动”激发更多活力，赋能市域社会治理现代化。

5月27日，苏州召开全市民政领域重点项目建设推进会，提出把发展社会工作、推进基层社工站建设作为当前基层治理的重要抓手，进一步深化“五社联动”机制，提升基层治理水平。当前，苏州各社区在资源禀赋、居住形态、居民结构等方面多样呈现，居民利益诉求、社区服务需求、基层治理要求复杂多样。苏州为此把基层社工站建设作为“五社联动”的重要枢纽，在去年年底乡镇（街道）社会工作站全覆盖的基础上，到 2022 年年底实现村（社区）社会工作室全覆盖。

依托分布在城乡大地的社工站，苏州鼓励社会各界具有各种专业知识与技能、愿意为服务社区贡献时间和精力的志愿者，以及广泛的社会慈善资源参与社会治理，弥补基层治理人才和资源短缺问题，形成基层社会治理的最大合力。昆山市大同社会工作服务中心主要承接政府购买服务，为社区居民提供社会工作专业服务。昆山市大同社会工作服务中心副总干事周菲介绍，中心依托基层社工站，发挥社会倡导与资源整合功能，通过社区公益大赛将各类慈善与志愿者资源转化为服务，以“项目化”形式回应居民需求。在这里，由慈善、社工和志愿者联合推出的“‘我们都一样’残障儿童基本能力提升计划”，让 90 余名智力障碍儿童得到康复训练。

苏州大学特聘教授、博士生导师方世南认为，苏州结合自身特点，充分利用人才和慈善资源丰富的优势，让各个要素实现良性协同发展，激发“五社”在联中动、动中联的链式效应，形成基层治理闭环，为市域社会治理现代化赋予新的内涵。[1]

社区最完善，无论从机构建制、队伍，还是实际运行效果，社区是中国基层社会治理的基石。社会组织和社会工作者被当成基层社会治理的重要力量，不过是最近 20 年左右的事情，但发展很快，今天，绝大多数城市社区都有社会组织，多的达数十支。专业社会工作者队伍发展很快，全国持证社会工作者已达 32 万人，社会工作进入基层社会治理领域越来越普遍。通过“五社联动”，维护基层社会稳定，服务居民群众和助力居民自治，已经成为人们的共识。

[1] 张红军：《人民资讯》2022 年 7 月 3 日，转引自《新华日报》。

六、网格化实践中面临的问题

网格化在全国全面推行并且初步取得了成效，不少研究表明，自从实施网格化治理以来，当地“12345”的投诉工单明显下降。但是，作为一项创新性工作，网格化在现阶段面临一系列问题和困难。归纳起来主要有：

（一）对网格化的认识问题

第一，公众对网格化的了解不够，整个社会对网格化的认知程度不高，绝大多数普通人不知道网格化是什么，有些人认为网格化就是网络化。认为网格化治理只是政府加强社区管理的一种形式。

第二，对网格化的误解严重。有些多少了解一点网格化的人，对网格化存在偏见。即使有些直接从事网格化工作的人，对网格化的目的和功能也存在不一致的认识。

（二）“重维稳、轻服务”和“自治”的问题

网格化研究专家通过实证研究发现：当前的城市网格化社会治理过分强调基层社会的维稳作用。但网格化社会治理最终的社会价值应该体现在民生服务中，强化网格居民的自治意识。如何推进以民生服务为导向的网格化社会治理，提高服务质量，如何增强社区居民的自治意识，如何在管理过程中体现社会公平正义，将是方向性问题。

个别政府部门仍有“官本位”的想法。“官本位”是指以官员为主的思想，这种思想主要受中国传统文化中的一些错误观念的影响。因此，一些政府部门的工作理念仍然停留在社会管理层面，而不是社

会治理层面。对全要素网格化社会治理的推进认识不深，在实体化建设和实质化运作方面标准低、思路不清、尺度不准。表现为政府在社会治理中没有制定严格的服务标准，各级政府工作中缺乏严格的服务标准，工作人员行为失范，“重管理、轻服务”的倾向明显。

实际上，网格化社会治理的功能是明确的，即社会管理、社会服务和居民自治，其作用是维护稳定、服务发展、保障民生、实现共治。既然是社会治理，而不是管理，就要体现多元和协商的特点。如果把网格化定位于社会管理，甚至就是维稳，那就与社会治理完全相悖了。通过网格化更有效地掌握各种人口信息，更好地实现社会秩序的管控，这只是网格化的基本功能之一。除此之外，网格化还要把服务群众和发动群众参与社会治理作为其主要目标，通过网格化达到共建共治的目标，这是网格化的最终目的。

（三）网格化社会治理如何实现有效地齐抓共管问题

谁来负责网格化社会治理工作？国内没有统一规定。大多数地区和城市由政法委负责网格化社会治理，但在部门协调和各方协同参与方面仍存在一些问题。社会治理的目标是一样的，但社会治理的具体任务被划分到多个职能部门管理，需要一个有效的协调机制。牵头部门政法委原来的职能是协调公检法和其他有权力的机关，它的职能主要是管理群众，因此，与基层单位相比，政法委的服务意识相对较弱，确定的网格化治理工作重点也主要是以管理为主，这使得网格化治理存在行政化的问题。

（四）网格员问题

网格员问题包括网格员的身份和职责定位问题、工作任务问题、待遇问题、认识和信心问题、工作方法问题、兼职网格员问题、网格员信息采集困难、社会配合度不高等。一是网格员作用发挥不明显。各地网格化队伍年龄结构大、文化程度低，电子设备操作难、信息平台使用难，影响了网格化治理的现代化水平。二是网格员以原社区工作人员为主，社区（村）“两委”干部成了基层网格人员力量中的主力军。三是网格业务培训不足。网格化队伍虽然形成了体系，但是网格员的培训尚没有根据网格内工作内容进行梳理，没有完善的培训体系，无法满足工作需要。四是职业待遇问题。在现行制度安排下，社区网格员缺乏激励机制、保障机制，薪酬待遇低，高付出，低回报。因此，许多专业工作人员不愿从事社区工作，在职员工不安心工作，敬业精神欠缺，员工流失严重。

（五）一体化信息平台

各地网格化社会治理的信息化和智能化工作存在较大差距，许多地方的信息共享仍存在一定差距，如平台多、不融合等。同时，职能部门各条线延伸到社区的各个平台，信息系统分散建设，自我循环，多网运营。各部门系统之间仍存在一些数据壁垒，基本的通用数据共享和互通渠道不够畅通，网格员采集后仍需在各平台上重复输入，居民所能享受的便捷公共服务仍然不方便、不充分。由于过度行政化的倾向，平台存在重复建设问题。

（六）网格化治理主体多元化不足

政府、社区、社会组织和社区居民是社会治理的共同治理主体，社区居民对社区治理的参与率是衡量社区治理成功与否的重要指标。社区居民参与不足是网格化治理中的普遍问题，主要表现为居民参与自治意识不足、社会力量和组织参与渠道不足。

社区网格化治理不仅需要政府服务理念的转变，以民为本，还需要社区居民的自主性和参与性。社区居民最了解自己的实际需求和社区建设过程中出现的各种问题，也最了解当前基层社会治理模式的预期结果。然而，大多数社区居民认为，社区治理仍然是政府的责任。居民缺乏自主、自治、共享的精神，对社区网格化治理的热情不高。

基层社区治理的发展方向应该是治理主体的多元化，以及政府与社会组织之间的积极互动、密切合作。作为社会组织，应发挥公共产品提供者、社会资源整合者和社会关系传播者的作用。组织公民的社会参与应该积极发挥社会组织的作用，政府应注重培养符合要求的社会组织，充分发挥社会组织在引导居民参与需求、提高居民参与水平、扩大居民有序参与方面的积极作用。

案例 23

探索“4＋6”网格精准化服务　开启党建引领社会治理新路径

2018 年，随着江北新区的快速发展，沿江街道城市化进程不断加快，大量新市民的涌入，对社区管理和服务提出了越来越高的要求。为进一步整合各方资源，提升社区管理服务水平，京新社区坚持以创新社区管理模式为驱动，以提升服务水平为目标，探索打造“4＋6”网格精准化服务，开启党建引领社会治理新路径。

一、党建引领，“4 个平台”融合发展，提升“下沉式”网格社会治理综合服务水平

京新社区围绕“4 个平台”即党建、廉政、乡贤、社会组织，以平台间互相融合，共同发展为主线，提升网格内社会治理综合服务水平。服务下沉至网格，促使基层党建引领社会治理更接地气。

一是推进协商民主，夯实基层党建基础。京新社区积极探索社区管理新途径，推进协商民主，把决策权交给居民，群众的知情权、参与权、表达权和监督权得到充分体现。改变以往社区建设由“社区说了算”为“居民说了算”，具体实施什么建设项目、怎样实施都由居民提出，居民参与项目整个过程，保持并增强居民参与社区建设的活力。充分发挥居民群众当家作主的主人翁作用，增强居民的幸福感和满意度，夯实基层党建工作的群众基础。

二是营造廉洁氛围，提高党建服务水平。京新社区转变社区党员干部的思想观念和工作作风，狠抓为民服务工作，扎实推进社区党建工作。改进工作作风，落实机制，营造廉洁高效的工作环境。通过设立便民服务平台、党员服务岗、展板宣传、印制便民服务卡等方式向群众公开服务程序、作出服务承诺。社区工作人员对前来咨询、办事的居民，做到使用文明用语，热情服务、礼貌待人、即时答复。

三是乡贤助力调解，推进党建工作得民心。社区成立“乡贤调解工作室”，乡贤会会长由社区党建副书记担任，乡贤会秘书长由社区专职调解干事担任。同时在居民小区建立“乡贤之家”“乡贤站点”，由乡贤骨干成员担任联络员，负责接待群众诉求，摸排矛盾纠纷。社区乡贤调解站点实现横到边、纵到底的网格铺设，形成了立体化、全方位的调解体系。将辖区内的各类矛盾纠纷解决在萌芽当中。2018年以来，社区加强对乡贤工作的教育和管理，组织乡贤骨干外出学习参观，联合浦口区法院、沿江街道司法所开展法律讲座和道德讲堂，不断提高乡贤素质和化解矛盾的能力与水平，注重建章立制和流程管理，使乡贤工作在合法、合理、合情的状态下开展调解工作。截至2018年，乡贤会、党员志愿者调解小区家庭矛盾、物业矛盾、邻里纠纷等142起，维护社区稳定，推进基层党建工作深入民心。

四是专业社会组织，提供精准化服务项目。由于辖区党员、群众人数多，服务标准要求高，社区专业服务团队不足，为了更好提供服务，社区积极培育和引进社会组织，为党员群众提供更多的专业团队服务。专业社会组织在活动策划组织和资源整合上的优势，能够让党组织活动更加丰富、形式更加多样、更能发挥各行业党员的先锋作用。社区党总支一直在思考如何以党员更易接受和掌握的形式组织策划，将各类党建知识、会议精神融入党建活动中。如引入专业社会组织开展党建主题活动，让党员更加积极地参加党的活动，也让党组织更有活力、更有凝聚力。

二、打造品牌，“6支队伍”精准服务，探索“零误差”精准网格化社会治理新模式

京新社区通过加强社区党组织建设，围绕“6支队伍”党建服务品牌，引领社会服务，提升群众安全感、满意度，形成基层党组织引领社区共治新局面。通过网格内的党员、信息员摸排线索，精准推送群众需求信息，各支志愿服务队全面感知、快速传达、积极响应、多元参与，体现出共建共享的发展理念，有效实现了社会服务的精准化和社会治理的精细化，显著提升了社会治理能力和水平。

一是成立同在阳光下志愿服务队，形成社会治理共治局面。

由党员、乡贤会成员、热心居民组成的“同在阳光下志愿服务队”，活跃在网格内，开展环境保护、政策宣传、各类志愿服务活动，使得近几年来小区日益稳定和谐。由于小区树木太过茂密，影响了居民家中采光，特别是楼层低的居民。居民找到党员志愿者反映情况，志愿者王伟将情况记录下来，并和物业对接，对确实影响居民采光的树木进行修剪，有效地解决居民问题。“同在阳光下志愿服务队”的开展，调动了基层党员发挥先锋模范作用的积极性，全心全意为人民服务，从而进一步提高党支部的战斗堡垒作用。

二是成立党员微之家快乐义工服务队，网格党员参与社会服务。通过退休党员的志愿服务，展现出共产党员在为人民服务道路上永不退休的榜样精神。党员微之家建在网格内，阵地就在党员群众身边。辖区党员依托“党员微之家”阵地，成立党员志愿者队伍，定期在网格内开展党建文化宣传、法律咨询、政策解说等志愿服务活动，极大地丰富了社区党员群众的业余文化生活。旭日上城一期退休老党员任加芝、黄勇生就是志愿者队伍中的一员。他们为困境儿童在“党员微之家”开办了免费书法课堂，每周四下午，风雨无阻，截至2018年开设免费课程140节。弘扬了中华传统的书法文化，为困境儿童带去了社区党组织的关爱，受到了小区群众的一致好评。

三是成立党风廉政群众监督员队伍，打好社会治理监督牌。京新社区探索建立党风廉政群众监督员队伍，在辖区内摸排政治素质高、关心社区发展、正直敬业的居民，并把他们联合起来担任社区党风廉政监督员。

四是成立家庭助廉使者队伍，强化社会治理廉政建设。

五是成立红色乡贤调解队，推动社会治理和谐发展。通过乡贤德治、善治的力量，助力社区矛盾调解，有力促进社会和谐。这支队伍以原籍党员和退休党员为中坚力量，他们从党和国家的优良传统出发，从家庭亲情入手，以社会和谐为基石，用老百姓的“法儿”平老百姓的“事儿”，为居民提供零成本、高效率的矛盾纠纷调解服务。

六是成立零距离生活管家服务队，拓展社会治理新内容。上面千根线，下面一根针。众多繁重的工作最后都是靠社区这一级落地。在网格治理过程中，物业公司直接联系群众，在每天走家入户的物业服务中，能够及时发现问题。根据物业服务的特点，社区以辖区服务较好的天缘物业有限公司为试点，指导其成立社会组织，并组建一支专门服务小区居民的“零距离生活管家”服务队，发现和解决群众在小区生活中遇到的种种问题。

社会治理离不开基层党的建设，京新社区多年来在服务党员群众的工作中，始终坚持以党建为引领，不断探索社会治理新路径。通过 4 + 6 发展模式，给群众提供更多的公共服务，让群众在城市生活得更美好。（来源：江北新区沿江街道京新社区，2018 年）

第六章 优化网格化社会治理机制的建议

社区网格化治理是一种新的社区治理模式，目的是为了满足社区居民日益增长的个性化需求，满足人们对美好生活的向往，提高公共服务水平。这种新的治理模式突破了原有的社区管理理念、管理模式，结合实际创新社区服务模式，促进了社区有序健康发展。但是，实践过程中也出现了一些问题，如社区治理存在行政化倾向、社区治理技术与治理流程结合不足、治理主体参与度不足、网格团队能力水平参差不齐等。社区网格化治理模式需要在实践中不断积累经验，创新完善。

一、重新定位社区网格化治理

社区网格治理是网格管理技术和网格治理理论的有机结合。社区网格化治理重塑了社区管理的流程、体制、机制，形成了完整、科学、适用的基层社区管理体系。这个管理系统可以跟踪发现和解决问题的整个过程，有利于居民与政府之间的良性互动和信息交流，使社区居民进一步了解政府的工作，认可、配合政府工作，这也是社区居民增强主人翁意识、增强社区责任感的体现。而社区居民的积极参与和需求是政府制定政策的最重要依据。

（一）转变治理理念，重塑网格化治理主体

1. 确定指导思想

深入学习贯彻党的二十大精神，以习近平新时代中国特色社会主义思想为指导，全面落实中央关于创新社会治理的决策部署，坚持加强党的建设与创新社会治理相结合，坚持系统化思维、全局性站位，以城乡社区网格为基础，以网格化服务管理中心为枢纽，以服务管理为重点，以信息化手段为支撑，推动社会治理重心向基层下移，最大限度地整合基层服务管理资源，最大限度地推动社会治理向前段延伸，不断提升社会治理社会化、法治化、智能化、专业化水平。

2. 转变治理理念

观念的改变决定行动的性质。社区网格治理的概念侧重于将管理转化为服务，转变治理理念，重塑社区治理主体。只要社区、社会、居民能自己解决，就交给社区、社会、居民解决。

首先，要坚持系统化思维，准确把握社会治理的内在要求和基本特征，充分发挥各社会主体的作用，实现政府治理、社会调节和居民自治的良性互动。协调政府、市场和公众的力量，使社会治理更加一体化、系统化和协调化，政府要为社区创造良好条件，为社区网格化治理建立透明、公开的竞争环境，积极引导各方力量参与社区建设。充分调动各治理主体的主动性，形成社区层面的治理共

同体。由社区党组织、社区居委会、社区业委会和物业公司组成社区治理“四驾马车”格局，其中社区党组织居领导地位，社区居民广泛参与。

其次，要改变传统的一维、封闭的社会管理立场，以社区居民的需求为动力源泉，重新发现社区治理中的“居民”。大量的社区公共事务需要在社区居民的支持和协助下进行，社区居民参与的现状与社区治理的群众参与要求严重不符，这对社区治理造成了一定的阻碍。从实践的角度来看，社会工作应该介入，让社区居民参与社区治理。

再次，社会组织应成为社区网格治理的良好推动者和参与者。应壮大社会组织的力量，党组织领导下的群众组织和社会组织是社会治理的重要力量，在建立和完善基层社会管理和服务体系中发挥着重要作用。

案例 24

协商治理四个度

南京市建邺区莫愁湖文体社区建于20世纪80年代，辖5个小区、243个单元、3491户、共计10352人，60岁以上老人人数占比约37.4%，是典型的老龄化老旧社区，现在是“全国综合减灾示范社区”、“省民主法治示范社区”、“省平安家庭示范社区”、南京市“和谐社区”、南京市“民主协商示范社区”。在基层社会治理中，他们总结出了自己的多元参与模式——协商治理四个度。

一、党委引领，社区治理“有态度”

以社区党委为领导核心，建立党建联席会，带动居民议事民主化、社会组织规范化，开展议事代表选举、确定自治主体范围、把关居民提案等工作。

二、居委负责，居民自治“有力度”

社区居委会牵头，引入社会组织专业化服务、引导居民自己查找问题、解决问题，建立“文体论坛”“微基金微项目”“文体议事规则”“文体楼道自治管理”。

三、社会协同，多元探索“有深度”

订立《文体社区微基金与议事会管理办法》《文体论坛流程规范》《文体学堂管理办法》《无物业老小区楼道卫生自我管理办法》，建立文体社区社会组织联合会。

四、公众参与，服务群众“有温度”

以微项目、文体学堂为切入点，154 名议事代表，14 家居民自治组织，129 个单元约 4000 人参加楼道卫生自我管理。

例如，文体社区的楼道卫生自我管理项目，其运作过程如下：

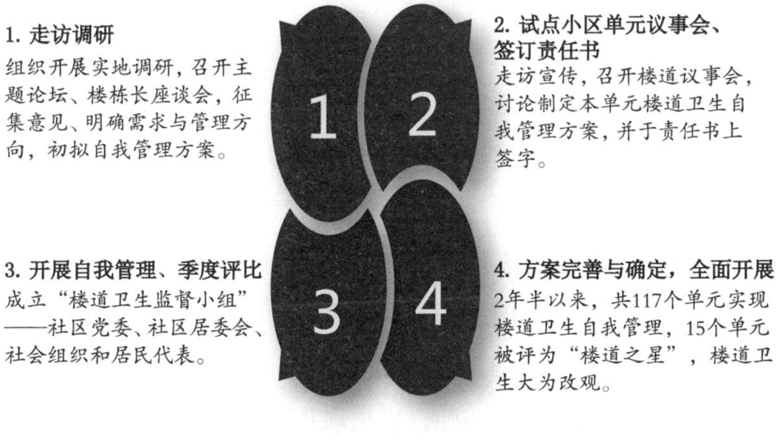

（来源：建邺区莫愁湖街道文体社区，2018 年）

（二）构建政府引导、联动职能网格服务治理体系

网格化社会治理将整合基层各部门职能，实行全员覆盖、无缝对接的管理。各个条线部门、各政府组织需要相互协调，突破信息壁垒，运用现代信息手段，共同解决人民群众的问题，提高治理能力和治理现代化水平。

社区网格化治理，不仅需要政府在社区治理中发挥引导作用，还需要多职能部门协同工作。所有职能部门都被下放社区，参与社区网格化治理。与社区居民、社区社会组织共同组成社区网格化治理服务体系，在网格内提供协同服务，解决社区事务。共同努力，建设一个安全和谐的社区。上海市闵行区的经验值得借鉴，在保持原有行政组织架构和分工的基础上，各职能部门派驻人员加入社区网格员团队，提高网格团队的工作能力，承担咨询和解决专业问题的职能，提高网格工作处理的专业水平和效率。建立大联动分中心和大联动工作小站，实现网格内发现问题可以不出网格第一时间解决问题的工作机制。

创新网格社会治理是一门理论和实践都很强的科学。坚持问题导向、需求导向、结果导向，真抓实干，推动网格化社会治理工作实现创新突破。始终关注人民群众的满意度，及时了解他们的需求，畅通民意渠道，整合网格资源，让人民群众在网格内办事更方便，提供更好的服务。各职能部门要综合施策，建立联勤联动机制，完善主管部门与相关部门的领导协调机制，合理确定上级部门、基层单位和主管部门的职能。了解社区期望，满足社区需求，使网格化社会治理措施符合社区实际，真正取得实效。同时，进一步完善“脚板 + 网络”“信息化手段 + 传统群众工作”等方法举措，把社区内有威望、有影响力、有专长技能的各类人才组织起来、储备起来、

有效使用起来，为化解矛盾、维护稳定服务。

二、加强社区网格化治理的工作保障

（一）加强网格员队伍建设

保障网格化社会治理工作，需要一支高素质的网格团队。网格员作为直接接触群众的“一线部队”，其形象、素质直接影响政府形象，也直接影响群众对网格服务工作的满意度。因此，必须加强网格员培训，打造一支政治素质好、实践能力强、熟悉政策业务、能做群众工作的全要素网格管理员队伍，重点提高他们的基础信息收集、社会形势和舆论收集、安全隐患排查整治、冲突调查和纠纷解决等能力，以及社会心理服务、政策法规宣传、公共服务代办的能力。

1. 严格准入机制。一是探索采用购买第三方服务方式，补充一批专职网格员，实现网格员“专职化”。二是在采用公开招考招聘专职网格员时，要考虑综合能力，特别是专业技术能力和服务意识。招聘时可以加上服务年限条件，如三年内不得离岗，三年后同等条件下网格员优先报考公务员、事业编等岗位。

2. 建立合理退出机制。因各种原因无法、不能继续担任网格员的，坚决予以清退。

3. 提高薪资待遇，拓宽职业发展空间。一方面，提高网格员的待遇。将专职网格员和社区干部统一纳入社区工作者管理范畴，建立健全的工资定期增长机制。保障兼职网格员的工资待遇。另一方面，拓展网格员职业晋升渠道。例如，连续考核优秀的网格员，有机会被选拔和任命为社区（村）“两委”成员。网格员任职期满后，可以优先报考部分街（镇）的事业编岗位和公务员职位。

4. 完善培训机制。成立基层社会治理学院，培养网格化治理专业人才。一是建立岗前培训制度，先培训后上岗，掌握网格员工作的知识，熟悉网格员工作程序和方法。二是开展部门轮训。制定系统化、常规化的业务培训方案，常态化地开展专业技能培训，将基础业务知识和专业化知识同步纳入网格员培训体系之中，如各条线的业务知识、群众矛盾处理技巧、手持终端操作、软件应用等方面的内容，提升网格员综合素质。三是开展专业培训，如社会工作专业知识培训、移动终端操作等业务知识培训，以提升网格员的业务知识和专业技能，增强网格员自身素质和业务能力。

（二）搭建治理平台，增强科技赋能

强化科技支撑，充分利用现代科学和信息技术，全面推广“互联网 + 社会治理”“网格 + 网络”等服务管理模式，推动网格化社会治理与 IT 应用在社会治理中的深度融合和相互支持，使社会治理更加准确、细致、高效。

一是建立统一、规范、高效的信息平台。互联网、5G 技术、手机 App、投诉热线等现代信息技术与社会治理信息平台深度融合，应用端口分散，数据信息在信息平台上统一汇总。在网格化信息平台建设过程中，坚持群众需求导向，整合党建、综治维稳、环保监督、法律援助、民生救助等各条线网格化服务管理相关职能，明确职能部门数据开放边界，打破部门之间的数据壁垒，理顺网格化工作流程，制定协商处理制度。构建一个多终端并行、数据共享、一网采集、高效运行的网格化信息平台。网页或手机软件的界面操作简单明了，便于基层群众和网格员操作。

在推进信息化建设的过程中，可参照芜湖“一拖四”模式，形成具有特色的“云中心 + 业务平台 + 部门 + 网格”“四级”信息化模式。建立信息数据的共享共用基本框架：第一层级，建立大数据云中心（智慧城市），将部门数据和网格数据全部融入大数据中心。第二层级，社会治理信息平台，整合综治、民生、城管、市场监管四个业务平台，分别和大数据中心连接（各地也可结合自身特色，连接其他业务平台）。第三层级，各个相关部门分别连接到业务平台，并根据授权直接与大数据中心连接。第四层级，基层网格，采集信息汇总到大数据中心，事件经业务平台或大数据中心流转到相关部门。四大业务平台的建设和整合，可根据各地不同情况而定，如有的地方 12345 和综治已经互联互通、实现合二为一，只需再接入城管、110 非警务等；有的地方城管、12345 和综治都互联互通、实现合三为一，只需接入 110 非警务等。

二是建立具有真实数据和完整信息的数据资源库。做好基础数据的收集，充分发挥网格员的信息员功能，使用智能手机下载网格员服务端软件，收集区域内的人员信息、土地资源、中小企业信息；充分发挥群众积极性，让群众使用信息平台电话、网格客户端软件、微信公众号等信息技术，快速便捷地提交诉求信息。定期更新校对数据库数据。各职能部门应合理放开权限，建立并共享数据库。

三、培养居民参与社区网格化治理的意识和能力

基层社会治理坚持为人民服务的宗旨。基层社会治理的有效性始终取决于它最终是否“满足人民群众对美好生活的需要”。没有居民的参与，基层社会治理网络就不是真正意义上的基层社会治理共同体。因此，必须把握社区居民的需求，促进社区居民参与基层社会治理。

（一）坚持党建引领

社区共建共治的领导核心是党组织。一是优化党建引领机制。充分发挥党组织在社会治理中的团结和领导作用，设立网格党支部。加强基层党的建设，创新党建与网格融合机制，将党建服务嵌入网格，把网格打造成堡垒，在网格中飘扬旗帜，形成以党建为引领，自治、德治、法治为一体的基层治理格局。

二是发挥党员带头示范作用，激发工作热情。社区共建共治的切入点是发挥党员的作用。网格党小组继续定期开展党员走访、基层干部下基层活动，察民情、解民忧，与群众面对面交谈、建言献策、宣传法律、提供政策指导，加强群众与党员干部的密切联系。把网格建设成为管理党员、服务人民的重要平台。让网格内的党员成为网格化社会治理实施的坚实力量，让网格成为社区基层治理的有效抓手。

（二）增强居民社区意识和自治精神

加强社区居民的主人翁意识和归属感。加强思想引导，积极培育和支持群众性法律互助组织、红白理事会、广场舞队、经济合作社等适应人民群众需求的社会团体和组织，通过组织力量引导群众改变观念。社区组织要培育发展，形成团队凝聚力和影响力，动员群众参与社会治理。

案例 25

加强邻里自理　增效基层治理

从 2013 年开始，南通市崇川区在传统社区“网格化”管理模式的基础上，推进居民小组实体化建设，在居委会下创新设置自治单元“邻里”，积极探索了“邻里自理”模式，实现了社区、邻里体制、机制、架构、硬件等的标准化建设。2016年以来，崇川区以提升社区邻里作用与实效为切入口，通过坚持党建引领、推进资源下沉、服务下移，发动多元力量参与基层治理，以“为民服务体现善治、公共服务宣导法治、志愿服务彰显德治、评议服务开展自治”，构建和完善“法治为纲、德治为魂、服务为本、自治为基”的“四位一体”的社区邻里基层治理体系。

一、聚焦基层基础，统筹推进邻里自理

一是强化谋划引领。出台《关于进一步提升社区邻里基层治理“四位一体”作用与实效的实施意见》等“1+9”系列文件，对全区服务平台建设、志愿服务、群众评议等相关工作进行了科学谋划和精心部署，明确并细化了社区邻里治理“四位一体”建设各项任务和工作举措。

二是强化合力推进。按照“一月一主题”“一季一总结”的方式，先后召开16场专题推进会。同时，将工作推进落实情况纳入各相关单位、各街道月度考核，采取“现场督导”“第三方评估”等方式实施“绩效评估”，强化部门、街道工作的主动性和责任感。

三是强化资源下沉。以落实好邻里服务有特色、窗口服务有标准、志愿服务有骨干、组织评议有团队等12个“有”的任务为抓手，进一步将资金、人员、权力等各类资源下沉至社区邻里，区财政每年新增投入社区邻里治理资金近5000万元；全区社区邻里新增、下沉各类专职工作者400余人，全区30%以上的社区书记由公务员或者事业单位人员担任。

二、加强党建统揽，创新构建治理体系

一是实体拓展自治单元。以居民小组为基础、网格化为依托，按照“地域相近、楼栋相连、资源相通”原则，每300户左右设置自治单元——“邻里”，进一步划小治理区域，畅通联系服务群众的最后500米，全区共划分邻里910个（含58个虚拟邻里）。

二是有效分配治理角色。构建了邻里“一心一会三组力量九大员”即以邻里党支部为核心，邻里和谐促进会为主体，自治、共管、专业三组力量为依托，信息、调解、巡防等九大员为补充的邻里治理架构。以此为基础，实行社区—邻里“3N32”工作机制，将邻里社干全天候下沉邻里，协同邻里和谐促进会，收集邻里信息、协调邻里资源、服务邻里居民。

三是合理定位治理机制。积极构建集体经济组织、物业公司、辖区单位、社会组织、邻里、街坊居民骨干等多元力量广泛参与的基层多元治理格局。建立社区邻里党建统揽、共建共治、服务贯通、邻里街坊、政社互动、三社联动等六大机制。重点培育发展各类社区社会组织，现有1800余家社区社会组织活跃在全区106个社区，每个社区公益服务类和参与治理类社会组织至少有2家。

三、立足群众需求，加强社区邻里服务

一是打造服务平台。在社区基本公共服务和公益服务上下功夫，先后投入10亿元，实施了社区公共服务中心和邻里服务处标准化建设，全区共建成公共服务中心106个，邻里服务处422个。以此为基础，开展“一邻一品”创建活动，全区打造邻里惠民特色“微项目”500余个。

二是创新服务模式。创造性地实施了“全科社工”模式，培训“全科社工”337人，梳理下放68项基本公共服务事项，交由社区公共服务中心“全科窗口”办理，实现了社区层面基本公共服务“一窗受理、一人办结”。

三是畅通服务渠道。开发启用了邻里信息系统，每个社区社会工作者都被分配了一个手持终端来收集信息并在社区中开展服务。截至2018年，全区邻里信息系统采集录入信息共计125万条，基本实现了辖区常住人口数据的采集全覆盖。建立了社区与邻里服务对接机制，建立了区街两级邻里工作协调程序，逐步完善群众办事监督机制，形成了联席、联办、会办、交办、督办的服务协调机制，在区和街道层面下放和监督街道服务事项，建立了10多项记录工作和收集反馈的制度。

四、注重培育引导，激发基层治理活力

一是党员引领志愿服务。大力推进党员干部、公职人员常态化参与社区志愿服务工作，将每月第一周的周六设为邻里志愿服务日，通过搭建志愿服务信息平台、建立志愿服务工作考核挂钩机制，实现了全区3800多名党员干部、公职人员到单位结对或居住地社区报到，定期参与志愿服务活动每年不少于25小时。以此为引领，通过开展好人好事、文明新风典型评选活动，建立志愿服务激励嘉奖机制，全区社区居民参与志愿服务的热情被带动和点燃，社区居民参与社区建设的主体意识被激活。

二是培育发展社会组织。通过实施社会组织建设“320”工程、广泛开展区和街两级公益“微创投”、建立实体化社会组织孵化基地等各项举措，大力培育发展社会组织。与爱德基金会合作成立崇川爱德社会组织建设中心，成为全市首家孵化培育社会组织的支持性平台。区、街两级先后投入各类“公益创投”“微公益”项目资金800余万元，支持各类社区社会组织200余家，开展了各类服务项目近600个，服务人次突破20万。仁爱社会工作发展中心、残疾人代表之家、欣欣然亲子俱乐部、侨友艺术团等社会组织深受群众欢迎。

三是广泛开展群众评议。每个社区都成立了由“两代表一委员”(社区居民代表、业主委员会成员、社会组织和辖区单位负责人)组成的群众评议小组。该小组以群众需求为导向，讨论民生事实，评估干部作风，评选先进典型。评价结果是项目绩效考核、评优评先、职务晋升和典型培育的重要依据。制定出台了《社区群众评议工作实施办法》，将与居民群众利益密切相关的公共问题纳入到基层治理的内容中去，并把群众评议贯穿项目实施的全过程，使群众在参与民生项目实施的过程中，体会到责任感和主人翁意识。(来源：南通市崇川区综治委，2018年)

（三）积极培育社区居民参与社区网格化治理的能力

社区要加大宣传，提升居民社区主人翁意识，让社区居民愿意主动参与到社区治理中，发现问题、提出问题；定期组织专家学者在社区内开展网格员培训，邀请社区居民参与学习，居民可以随时随地将身边发现的问题通过App反映到区网格化服务管理平台。

加强事务的公开性和透明度。社区中的信访纠纷的增加主要集中在公共事务信息处理不透明、不及时。在自治过程中，政府应坚持群众办事、群众讨论的原则，按照法律规定的程序，及时召开会议，就公众关心的重大事项征求群众的意见和建议，并充分利用网格治理群众服务终端、公开电话、通过微信投票等方式，及时收集群众意愿，引导群众通过自治法规和社区公约进行自治管理，让小冲突在基层得到消化和解决。在社区治理事务公开方面，信息可以及时发布在社区公开栏，也可以通过社区、村微信群进行展示，接受群众监督，使现代信息手段成为连接群众参与社区事务的桥梁。坚持法治思维方式，通过公开披露事情、宣传政策法规，可以大大减少群众上访的诉求，增强群众的自我管理能力，同时将法制观念宣传贯穿始终，规范群众行为，依法组织开展活动，开创共建共享的新格局。

案例 26

“社区物业联席会”引导居民自治

一、背景

在城市物业小区管理中，普遍存在这样的“痛点”：业委会管理小区公共事务能力不足，小区物业服务企业与居民信息不对称往往“吃力不讨好”，居民对物业服务不满意、对业委会不信服，小区“有面子缺里子”。这是小区居民之痛、小区治理之痛，也是城市社区急需探索破解的“顽疾”所在。2017 年 6 月，中共中央、国务院出台加强和改善城乡社区党委治理的意见，指出：改进社区物业管理，加强社区党组织和社区居民委员会对业主委员会和物业服务企业的监督和指导，这为社区治理提供了强有力的政策依据、明确了发展方向。

中央门街道新门口“社区物业联席会”，就是基于上述背景，本着问题导向，着眼于加强社区党组织组织力，发挥党组织作用，针对辖区金陵大公馆、中南大厦、华富园、紫竹苑、新门口16号8栋等5个成熟小区，依托即时通信软件普及、智慧社区建设、居民自治意识增强等要素，在基层社区治理体制方面作出的积极探索。

二、主要做法

干事创业，关键是人，打开物业管理问题的“钥匙”，也在于人。因为业委会、业主（居民）、物业公司三个方面都缺“人”，大家对相关法律法规不熟悉，对各自权利义务的认识比较模糊，尤其是缺少具有公信力的小区“带头人”，面对小区公共事务，要么意见不一致，要么无人“站”出来。鉴于上述情况，从2015年开始，社区党委主动站位，摸索出一条有效的“社区物业联席会”工作法，引导居民自治。

（一）挖掘“乡贤”

选人是“社区物业联席会”的前提。过去，由于楼栋住户间彼此不了解，缺少楼栋长推选的经验，居民没有多少展示参与公共事务的机会。对于楼栋里的“乡贤”，社区党委不掌握，居民也不掌握。为此，社区党委发挥组织优势，通过“扫楼”、群众推荐、居民自荐，先后挖出40名“乡贤”。2017年5月，金陵大公馆小区7号楼空调外机2个月内连续坠下3台，居民进出非常惶恐。楼栋部分居民认为，空调架当初由开发商安装，按理应由开发商维修，但已过维保期……后来，203室居民许某“站”出来，劝说大家：既然已过维保期，必须“自救”，主动承担设计方案、找施工队等，带领热心居民完成了排险，这一过程就是居民自治的过程。2017年12月，社区党委在该楼栋推选楼长试点，过程非常顺利，选举过程线上线下同步，程序公开，许某高票当选。

（二）改选业委会

业委会换届是“社区物业联席会”的基础。一是“扶上马”。从2015年开始，社区党委对到期小区业委会改选工作进行“干预”，目的就是把组织放心、群众信得过、有公信力的人，特别是党员同志选入业委会。中南大厦业委会第一个改选，换届启动后，社区党委严把程序关、候选人关，结合自荐和推荐，与候选人谈心谈话，了解参选意图，进行能力分析，锁定自治带头人，按程序开展换届。二是“帮一把”。2017年华富园小区业委会换届中，针对小区居民相对年轻化的特点，社区党委一方面全力搭建小区微信群，健全微网格，一方面注重对候选人应对线上问题能力的考察。投票当天，尝试线下投票、线上直播的方式，全过程透明公开，参与率和认可度都达到70%。截至2018年6月，中南大厦、华富园、紫竹苑、新门口16号8栋相继完成业委会换届。三是“送一程”。换届成功后，在社区党委指导下，召开业委会班子工作会议，引导大家按照章程合理分工、合作共事，从“源头”上开一个好的班子会，开一个好头。

（三）搭平台

按季度碰头议事是“社区物业联席会”的核心内容。一是确定成员。会议成员来自四方面：业委会班子成员、物业公司负责人、居民代表，会议一般由社区党委书记主持。二是完善议题。会上，物业公司汇报季度工作及财务收支情况，业委会反馈业主意见建议并公示公共收益，现场接受楼层代表的意见询问，就小区公共事务集体讨论，形成相应记录。三是形成反馈。由于各方“面对面”，物业公司更加重视居民“发问”，更加注重问题反馈，业委会为了在下一季度会上有“交代”，也会加强对物业服务跟踪和督促，多方参与平台透明化，使业主、业委会和物业公司之间的关系得到了改善。

（四）创渠道

完善民意诉求、及时有效处理是“社区物业联席会”的“起点”和“落脚点”。一是强化线下走访。在每一个小区业委会换届之前，社区党委都会全面走访小区，提前预告，告知“为何走访、何时走访”，将制作好的“走访提示”送到每一户家中，引导居民关心小区管理，为小区公共事务、为业委会换届“花心思”“出力气”。每走访一个楼栋，社区党委都会建立一个楼栋微信群，邀请居民扫码进群，通过积极引导，让居民感兴趣、有信心、能参与，居民入群过程就是民意诉求征集的过程。二是强化线上互动。每一次物业联席会召开之后，社区党委要求物业公司和业委会尽快处理和跟踪居民代表提出的问题，并线上直播，“倒逼”物业公司和业委会的反应速度，微信群互动作用、议事功能也得到持续增强。一些居民成为信息员，发现问题，拍一张照片放群里，物业公司、业委会很快就有答复。截至2018年，5个小区的“社区物业联席会”通过走访建立楼栋微信群22个，居民在群里反映问题超过100件，回复率100%，解决率达到85%。华富园小区在多次物业联席会召开后，业委会、物业公司全面接手小区线上平台，通过微信群自助解决问题超过30件，业委会线上收集问题在联席会上讨论2次，物业公司就业主问题公开应答超过200次。

（五）重引导

厘清责任是“社区物业联席会”的良好保障。一是强化责任引导。社区党委邀请律师就小区公共问题现场说法，组织楼栋长、住户（分楼栋、分批次）就物管小区物业、业主、业委会权利义务开展培训，物业公司、业委会、居民法制观念、责任意识、服务意识明显增强。2018 年 5 月，组织金陵大公馆小区集体普法，居民线下代表提问，线上 5 个小区微信群、16 个楼栋群同步直播，反响良好。二是强化议题引导。对一些涉及面大、敏感性强的公共事务，社区党委靠前一步，带领业委会成员开展线下分析或模拟线上讨论，摸清问题症结，强化议题引导，谁来“抛出”议题？谁来响应？业委会需要经过辅导、充分准备后，才能组织居民进行讨论，确保把会议开出成效。

三、创新成效、体会及意义

（一）创新成效

从 2015 年开始，新门口社区逐步在物管小区中推行“社区物业联席会”工作法，因地制宜，不断复制、推广和改良，切实推动了居民自治，丰富了社区治理内涵。

1. 中南大厦两年多来召开物业联席会 10 次，参与居民超过 300 人（次），解决了物业费上调、监控安装、车棚新建、门禁系统改良等事务，大厦管理状况、居民满意度明显提高。2017 年初联席会上，物业公司提出要上调物业服务费，业主们不响应，业委会则提出，先让居民有看得见的变化后再谈提价，建议物业公司增加投入做实事。二季度物业公司改良了门禁系统，10 月份，业委会召开业主大会征求意见，70% 居民同意上调。

2. 废旧自行车清理一直是物管小区难题，怎么清、谁来清？华富园小区业委会根据居民意见将此事拿到物业联席会上讨论，形成统一意见后交由物业公司执行，前后历经2个月，90辆废旧自行车和20辆电动助力车被清理，前后没有一起居民投诉。

（二）创新体会

1. 社区党委是核心。社区党委在物业联席会中主动站位，以业委会换届为契机，通过挖掘“乡贤”、改选业委会、创建物业联席会、营造自治“场域”，让业委会、小区居民想自治、能自治、会自治。

2. 把人选好最关键。无论是“乡贤”、楼栋长、居民代表、业委会班子成员、物业公司负责人，还是社区带头人和社工，关键在以人为本，落脚在以人民为中心、为人民服务，把人选好了配强了，把规则定好了，各个组织自然会良性运转。两年多来，24位居民入选业主委员会，4个小区业委会班子中，主任全部是中共党员。

3. 内生动力很重要。物业公司、业委会进入“社区物业联席会”，从“要我做”变“我要做”。金陵大公馆小区物业公司要求工作人员对居民诉求半小时内作出回应，能处理的2小时内解决，确有困难的一天内给出合理解释；2016年中南大厦物业联席会召开3次后，业委会主动召集居民代表和物业公司沟通居民意见办理情况，邀请社区党委监督点评，社区党委从组织者转变为监督员，小区自治迈出了一大步。

（三）创新意义

在社区党委领导下，“社区物业联席会”有效运作两年多、扩大到5个物管小区，看似简单，实则不容易，需要日积月累、下苦功硬功，需要与时俱进、线上线下同步建设，通过发挥人的主动性、积极性、创造性，很好地解决了小区物管难题，进一步增强了业委会、物业公司、居民责任意识、服务意识，融洽了之间关系，推动了居民自治，形成了小区共治，促进了社区善治，党组织的公信力、号召力，特别是组织力得到很好体现和增强。（来源：中央门街道新门口社区党委，2018 年）

（四）加大社会组织培育

社会组织充当公共产品提供者、社会资源整合者、社会关系传播者的角色，应发挥它的这些角色的作用。社会组织是组织公民参与的最佳载体，要让社会组织引导居民参与需求、提高居民参与水平、扩大居民有序参与。

社会组织作为一种新的公共服务供给方式，可以承担政府和市场负担不起的公共服务，例如，私人养老院、私立幼儿园、私人诊所、私立残疾人康复中心、民办社会工作服务机构等，满足群众不同的需求；政府将服务社会的职能通过政府购买服务的方式转移给社会组织，社会组织的服务贴近百姓需求；社会组织是促进公民理性有序参与的重要方式，也是最佳的组织载体。引导公民通过社会组织参与社会事务，可以为各种社会群体参与公共事务提供渠道，使群众的参与有组织、合法、有序，维护社会稳定，培养公民的公共精神，凝聚社会共识。社会组织能够凭借专业优势，利用专业方法，及早发现社区中的一些问题，并将其消灭在萌芽状态。尤其是大量的“基层组织”，体现了人民群众的一种自治权力。

然而，社会组织发展中存在主体性弱、服务供给能力不足、发展结构不平衡等问题，在有效承担政府转移的职能、满足巨大社会需求方面明显不足。因此，政府要有计划、有针对性地培育社会组织，通过政府购买公共服务的方式，大力培育社会服务组织。鼓励和引导社会组织参与社区建设，提高社区自身的社会治理水平，形成多元主体参与社区网格化治理的局面。

四、健全社区网格化治理运行机制

（一）健全各项工作机制

各地各部门要在现有工作基础上，着力建立健全各项工作机制，确保创新网格化社会治理各项工作有序推进、高效运转。

一要优化党建引领机制。探索强化党建引领社会治理的新路径、新模式，创新党建与网格融合机制，将党的组织建在网格、将党建服务嵌入网格，做到把网格建成堡垒、在网格飘起旗帜，实现党的组织和工作全覆盖、无遗漏，形成党建引领的自治、德治、法治一体化基层治理格局。

二要优化多元参与机制。进一步发动社会力量，积极运用市场办法，增加社会治理的参与元素，以开放性架构和市场机制来吸纳社会力量、培育社会组织、引导群众自治，推动各类社会主体更广泛地参与社会治理，努力形成强大合力。要进一步建好“社区智库”，把社区那些有经验、有威望、有才能、有特长、有人缘、有热情的群众动员起来、组织起来，实现政府治理和社会调节、居民自治良性互动，努力形成网格化社会治理的强大合力。

三要优化联动处置机制。进一步打破部门壁垒，积极推动各部门设施联通、信息互通，形成线上线下互动、地区部门协作的工作机制，不断增强网格化社会治理的系统性、整体性、协同性。建强网格化服务管理中心（综治中心），统一协调处理本地区需要多部门联合处置的社会治理事项，按照职责权限进行分类派发，实行全过程监督和结果性考评，构建联动处置闭环流程，推动各部门按责处置，对标结案。

四要优化能力提升机制。健全完善网格管理员录用、管理、培训、考评等一整套制度，学习借鉴建立南京基层治理学院等经验，强化专兼职网格管理员职业能力培养，打造一支素质过硬、业务精通的全要素网格管理员队伍，进一步提升网格员队伍专业化和职业化水平。扎实开展“网格化技能大比武活动”，打造一批“业务标兵”和“网格能手”，不断提升网格管理员队伍整体素质。

（二）推行精细化管理制度

首先，实行精细化管理制度，要有服务意识，并在工作中自觉加强这种管理意识。从人民的角度出发，坚持以公众为导向、公众至上的意识，把公众需求作为政府工作的主要着力点和导向。根据实际需求和公众声音做出决定，始终树立“人民公仆”意识，精准定位，服务公众。

其次，在社区网格化治理中推行精细化管理制度。例如，应该对社区的基本事务进行分类，建立数据库，规范社区事件的处理标准。要统计好社区内的所有人、事、物，做好社区内党建、综合治理等基础工作的数据采集，及时更新维护。

再次，实现“管理”与“服务”相结合。网格化治理实践中存在行政权力过大的问题。网格已经成为政府部门行政管理工作、考核任务向下分配的最基本单位。尽管网格在精细治理方面非常有效，但它实际上与政府行政管理关系密切，所以需要加强“服务”，与“管理”并重。

五、构建高效的群众诉求联动响应体系

（一）建强规范化网格服务管理中心

要设立网格化服务管理中心，与同级综治中心协同运行，负责组织实施辖区内网格化服务管理相关工作，并与同级政务服务平台对接。对于网格化服务管理中了解到的人们的需求和网格服务管理中发现的隐患，有必要依靠处理信息系统统一做好源头发现、收集归档、发放、检查监督、结果反馈等工作，形成工作流程闭环。依托网格化服务管理中心，县、乡两级协调处理需要多部门联合处理的社会治理问题，按照职权分类分配，并对情况进行跟踪督办；承担重大突发事件的应急指挥和协调工作。

（二）建立智能化应用平台

充分利用现有网络平台和数据资源，实现相关部门数据的互推、关联、集成和共享应用。依托多网互联、数据交换、安全管理、标准规范等支撑，逐步实现平台联动、中心共享。实现各类信息查询服务，重点目标一键查控，一站式解决隐患。

（三）健全科学化运行机制

网格化服务管理中心完善分析、研判机制，提高对社会隐性矛盾的预警、预测和预防能力；完善处置调度机制，根据受理事件类型，及时下达处置指令，实行分级处置；完善情况反馈机制，事件处置完成后，通过网格化服务管理中心及时反馈工作情况；完善监督考核机制，按照逐级考核的原则，每年对各地有关部门的履职情

况和职责进行评估，这将作为评估各地各部门综合治理绩效、领导干部在领导责任制综合治理中表现的重要依据。

六、形成有力的网格化社会治理组织保障体系

（一）强化组织领导

构建党委政府统一领导、综合治理协调、部门协作、社会各方参与的工作格局。特别是在县（市、区）和街道（镇）两级，要强化工作责任。

（二）强化部门协同

各有关部门要在党委政府的统一领导下充分发挥职能作用，综合治理部门要依托综合治理中心（网格化服务管理中心）切实履行领导职能，认真开展统筹、组织、协调工作，监督和评估、人员选拔和招聘、业务培训和信息共享，努力形成部门协作、社会各方参与的工作格局。

完善联动机制。进一步打破部门壁垒，积极推动各部门设施联通、信息互通，形成线上线下互动、地区部门协作的工作机制，不断增强网格化社会治理的系统性、整体性、协同性。建设强大的网格化服务管理中心（综合治理中心），统一协调处理区域内需要多部门联合治理的社会治理问题，按照职责权限分类分配，实施全过程监督和结果导向评价，建立联合处理的闭环流程，鼓励各部门根据职责处理问题并达成投标。

（三）强化工作保障

市、县（市、区）、乡镇（街道）要将网格化服务管理经费列入

年度财政预算，合理解决网格管理员劳动报酬和开展工作所需经费，省财政通过社会治理创新工程省级补助资金对困难地区进行适当补助。网格管理员的工资标准由当地综合行政部门会同人力资源和社会保障、财政等部门，根据当地经济社会发展水平、财务状况等因素合理确定，确保网格管理员工资标准与其工作相适应。各地要为网格管理人员履行职责提供必要的工作场所、设备等条件。积极开展各类专业技能和业务知识培训，提高网格管理人员相关业务工作能力和专业水平，确保网格服务管理工作顺利进行，取得管理成果。

（四）社会工作参与社区多元治理

社会工作作为社会力量的代表，需要在创新社会治理体系、提升社会治理能力方面发挥更大作用。建立健全政府购买社会工作服务项目化、市场化制度，形成“党委领导、政府负责、社会协作、项目运作、专业服务、法律保障”的社会工作模式。

社会工作作为政府购买的服务提供者进入社区。它是社区发展的同行者，而不是外部的“专家”。坚持党建引领和政府主导，坚持共建、共治、共享的原则，结合资产建设战略，以社区为主体，遵循培育多元共治主体、构建多元共治关系、创造多元共治协同的行动路径。

（五）营造良好氛围

进一步优化工作机制，广泛开展宣传发动活动，提高全社会对网格化社会治理重要性和必要性的认识，充分调动干部群众支持、参与网格化社会治理的积极性，积极引导机关、企事业单位以及城乡居民承担起维护和谐稳定的社会责任。及时总结和宣传典型经验、成功做法，大力宣传网格管理员的先进人物和事迹，营造迎头赶上的浓厚氛围。

总之，要通过创新网格化社会治理机制，努力实现以下 4 个方面目标：

1．服务管理网络全面覆盖。基层网格责任单元划分必须是务实、科学、合理的。网格管理人员队伍职责明确、结构优化、精干高效，与基层党政组织、群团组织、群众自治组织、非公有制经济组织、社会组织等有效衔接、优势互补，全面构建覆盖城乡的服务管理网格体系，条块结合，水平到边缘，垂直到末端。

2. 服务管理能力全面提高。将基层政府行政资源、公共服务资源、社会资源、市场资源等服务管理资源，最大限度地整合到网格中；最有效利用网格管理员团队、志愿者团队、社会组织、群防群治等力量，实现网格基础信息准确、舆论畅通、突发事件快速处置的效果。

3. 基层基础工作全面夯实。通过创新网格化社会治理机制，基层突出矛盾纠纷、群体性事件、刑事治安案件、安全生产、食品药品和环境安全、市（村）容和环境卫生等案事件得到有效预防，基层平安创建水平不断提高。

4. 群众满意度全面提升。网格化系统能够及时有效地反映人民群众的诉求，维护人民群众的合法权益，解决人民群众关心的问题，人民群众的获得感、幸福感和安全感显著提高。

案例 27

以社区“微治理”推动基层社会治理创新

一、创新主体

南京市江北新区泰山街道党工委。

二、实施范围

街道辖区 57.2 平方公里，12 个社区，84 个住宅小区，31.4

万城乡居民，其中10万流动人口。

三、背景和主要做法

泰山街道桥北片区是江北新区发展重要承载地的，也是江北新区最繁荣的区域之一，有“江北第一商圈”“江北新街口”之称。与此同时，由于桥北片区开发较早，伴随着大量外来人口涌入，该片区的城乡结构、社会结构、人口结构都发生了深刻变化。人口的变化带来社会主体思想活跃、需求多样、诉求多元，基层社会治理难题日益凸显。为处理好这一系列社会矛盾，泰山街道紧紧围绕加强和创新社会治理，按照“关键在体制机制创新，核心是人，重心必须落到城乡社区”的总要求，坚持问题导向，强化服务理念，探索实践“微服务、微治理、微组织、微事务、微支部”为切入点的社区微治理机制，全面提升了基层社会治理水平，取得了很好的成效。

（一）微服务，满足居民多样化需求。一方面，着力优化政务服务流程，让群众办事少跑腿。牢固树立“以民为本”的服务理念，积极实施社区“减负增效”，街道先后投入6000万元，先后打造一个2200平方米的街道级综合便民服务中心和12家总面积达16000平方米的“微社区”服务平台。全面整合社会保障、劳动就业、卫生计生、社会救助等公共服务事项，回收“社区政务”，依据《南京市镇（街）便民服务中心公共服务事项基本目录》，全程代理代办5大类57项便民服务事项。另一方面，创新为民服务载体，让居民生活更便捷。积极创新“商业为民”的服务理念，贴近居民群众日常生活，引导电商超市、邮政快递、便利商店、网店、早餐、药店等商业服务网点进微社区生活圈，不断扩大覆盖面，所辖社区引入商业服务网点数量已超过1200多家，为广大居民提供便捷多样的商业服务，居民日常购物、邮寄物品、常规用药等不出生活圈或小区即可满足需求。

（二）微治理，健全管理网络化体系。一是通过日常网格化巡查，及时发现问题并及时解决，真正把问题化解落实到每一个居民小区内。两年来，微社区通过网格巡查处理乱设摊、乱停车、乱倒垃圾渣土、无证无照经营及偷盗等联勤事项3560起，小区生活次序全面规范和加强。特别是针对街道鼎泰家园、浦东苑等22个老旧小区，通过对每一个网格内小区人防、技防改造，小区物业管理水平全面提升，业主主动缴纳物业费意识、安全感得到增强。二是开展小区环境整治，提升群众幸福感。街道财政每年安排1000万元资金用于环境提升工程，重点针对城市道路两边、边角地带、闲置地块、绿化缺失、黄土裸露进行梳理，形成“负面清单”后逐条进行整治。先后完成桥北社区桥荫路绿化带出新、柳洲社区万润家园功能提升、煤炭设计院家属区道路硬化、春江阁屋顶与地下管网出新等环境整治工程，让群众得到看得见的实惠。三是成立小区协调委员会，及时化解群众反映强烈的突出问题。按照网络化管理要求，我们在每一个微社区成立小区矛盾协调委员会，重点化解涉及小区居民邻里纠纷、物业纠纷、涉访维权等矛盾。调解委员会由社区干部、社区民警、乡贤会代表、业主代表组成，他们在微社区或网格内有专门的工作室，长期服务小区居民，发现问题及时调解。小区矛盾调解委员会较好地解决了明发滨江三期业主委员会乱作为、金城丽景电梯失火、弘阳爱上城立体车库改造而引发的业主与业委会、开发商之间的矛盾，让小区更加和谐。2017年街道大桥社区、沧波门社区、浦东苑社区、铁桥社区被评为省级卫生社区。

（三）微组织，促进社区社会化服务。一是大力培育发展社区社会组织。以街道社会组织服务中心为枢纽，紧密结合居民群众个性化服务需求，在社区积极引进和培育公益性、消费性、娱乐性的社区“微组织”，涉及医疗、法律、养老、教育、文化体育、未成年人保护等多个门类，社区“微组织”数量超过了200家，平均每个社区达16家。二是积极推进政府购买社会服务。切实转变政府职能，改进服务方式，不断加大政府购买服务力度，近3年街道累计投入购买社会服务资金达300万元，助推社区“微组织”良性运行，充分调动社会力量参与社区服务的积极性，随着社区“微组织”数量的增长和“五社联动”的开展，社区服务水平和能力得到质的提升。三是着力搭建公益服务平台。依托街道所辖社区，动员和引导社会力量参加社区“微组织”，促进各类社会资源向社区集聚，突出“为老、为小、为残、为困”等特殊群体，积极开展养老助残、助餐、慈善救助等特色性公益服务，帮助解决实际困难，居民对社区的归属感不断增强。

（四）微事务，推动主体多元化参与。在街道范围内要解决30多万人口服务工作，仅仅靠传统社区的工作人员或依靠简单增加工作人员是远远不够的。我们在每一个居民小区筛选了一批老党员、老干部、老教师、老医生以及企业家、退伍军人组成的小区居民意见代表，通过召开“微社区圆桌会”形式开展专题协商议事，鼓励大家对小区矛盾、社会现象、居民诉求、邻里关系、共建共享等工作提出建设性建议和意见，为群众反映社会公共问题、参与公共政策制定创造条件。每个社区每年都召开圆桌会议不少于12次，主要涉及社区环境、民生保障、文化活动、物业管理等多方面议题，如明发变电站选址、地和苑小区污水管网改造、碧泉家园铁道口“平改立”工程、秃尾巴河整治等一批贴近居民切身利益的实际问题，都通过圆桌会议得到了有效解决。通过问题的解决，在微社区内初步形成小矛盾不出小区、大矛盾不出社区都能够得到化解，居民幸福感得到提升。

（五）微支部，提高党建精细化水平。在社区建立大的社区党委，但由于社区党员大都属于退休党员，又分散在不同的小区里，党员活动组织难、活力不够。为解决这一问题，街道党工委在社区网格和较大的居民小区建立党支部。积极鼓励社区围绕党员的兴趣特长设立“微支部”，做到哪里有新楼盘，哪里就有党的组织和党组织活动、服务，有效增强群众对党组织认同感和向心力。在微支部通过开展党员示范岗、党员责任区、党员承诺等多种形式，广泛吸纳社会各行各业的精英组织、参与公益活动，持续擦亮党组织志愿者服务金字招牌。社区“微支部”成立以来，先后有480多名各类机构志愿者、义工、社工共同参与220次志愿服务活动，既解决了小区内部矛盾也丰富了群众业余文化生活，让群众真正感受到党员服务就在身边。微支部通过开展“党建引领、四联共建（党建工作联合、卫生环境联创、困难人群联帮、文体活动联办）、公益覆盖”，使党的领导、公共管理与服务、居民自治工作融为一体。

四、成效和创新意义

近年来，泰山街道主动应对城市快速发展带来的社会治理实际难题，积极探索“微服务、微治理、微组织、微事务、微支部”，形成的基层“微治理”机制，有效提升了基层社会治理和服务创新水平。新华网、《新华日报》《南京日报》等多家媒体，争相报道了泰山街道“微治理”实践模式，省社科院、省政府政策研究室等省市专家十分关注，多次到街道调研论证，引起社会各界广泛关注和认可，产生了积极的社会影响。泰山街道的《创新“微社区”平台、聚焦“大效应”治理》获得江苏省社科联2016年度“省社科应用研究精品工程”奖优秀成果二等奖。

泰山街道的经验主要有以下五点。

第一，提高了为民服务的精准度。通过开展居民小区微服务，推动各类服务资源有效整合，打破条线壁垒，将政务类、公益类、生活类服务“微缩”到居民生活圈，以方便、快捷的方式，促进政府为民服务项目更加精准和便民利民，更好地满足了不同群体的多样化服务需求，居民群众对政府的公信力和满意度不断提高，获得感日益增强。抽样调查显示，连续3年街道居民群众对政府和社区的为民服务满意率均在90%以上。

第二，增强了化解矛盾的针对性。通过小区“微治理”，推行“网格化”服务管理，改变了传统社区的管理与服务模式，将社会治理的触角延伸到居住小区、居民小组和楼栋住户，既有效分解了繁重复杂的管理任务，又提高了及时发现和应对问题的主动性，确保了突发性危机事件得到及时妥善处理。开展“微治理”，不仅有效解决了居民反映强烈和关注的身边事，同时也极大地促进了社区的和谐稳定，近两年矛盾调处成功率均在98%以上，群众安全感和满意度得到提升。2017年在全市幸福都市第三方测评中群众满意度江北新区街道排名第一。

第三，调动了社会参与的广泛性。通过大力培育发展社区“微组织”，建立政府购买社会化服务机制，主动给社区社会组织提供空间，充分发挥社会组织参与基层社会治理和服务的积极作用，将自身做不了、做不好的专业服务事项，采取公益创投的项目化方式，委托给专业性社区社会组织承接，社区服务专业化、社会化水平得到了较大提升，特别是街道未成年人保护项目获得民政部与国际救助儿童会项目负责人认同。2017年泰山街道社区社会化服务项目《专业助力，爱伴成长》获得南京市社区治理和服务项目创新成果奖。

第四，扩大了居民自治的参与率。通过开展社区“微事务”自治管理，深入推进社区协商民主，调动了各类主体参与社区公共事务协商的积极性。社区“微事务”自治管理，充分尊重了居民群众主体地位，通过会议、对话、书面、网络等协商形式，有效畅通了群众利益诉求表达渠道，力求找到群众意愿和要求的最大公约数，切实保障了居民群众对社区事务的知情权、参与权、表决权和监督权，街道连续5年居民自治参与率始终保持在95%以上。

第五，提升了基层党组织的凝聚力。建立小区“微支部”，全面加强了社区党组织对小区治理工作及各类组织的统一领导，增强基层党组织与居民、社会组织、社会团体的密切联系，巩固了党在基层的执政基础。围绕推动实现“党组织进楼栋，为民服务在身边”，全面推行小区“微支部”，不断强化基层服务型党组织建设，支持和保证了居委会及其他组织依法开展自治活动。组织在职党员到居住地所在小区和网格“微支部”报到，参与社区服务和治理，充分发挥党员的先锋模范作用，基层党组织的凝聚力和战斗力得到全面加强。（来源：江北新区泰山街道，2018年）

第七章　网格化社会治理中社会工作介入实践

社会工作作为现代社会的一种社会福利制度，其方法包括个案工作、小组工作、社区工作和社区发展以及社会工作行政、社会工作研究等方面。在社区网格化治理中，它将自己的专业优势与社区网格化治理相结合，解决社区治理中出现的问题，实现社区和谐、人民生活幸福的目标。社会工作的本质是一种助人活动，是以科学知识为基础的专业性助人活动，是促进人的发展，促进人与社会环境相适应的活动，是一种职业活动。20 世纪 30 年代以来，社区逐渐成为社会工作的重要对象。社会工作者通过动员社区内外资源、协调社会关系、开发经济社会发展项目，致力于解决社区成员的贫困等问题。

将精细管理和多中心治理理论应用于社区网格治理是管理技术的创新。网格化社会治理的本质是精准管控和精细化服务。精准管控是指准确及时地掌握影响社会稳定的因素，精细化服务是指对社区公共服务和居民需求作出详细准确的回应和满足。社会工作涉及精细网格化治理，采用人文关怀和人性化服务，满足社区治理精细化程度的需求。社会工作作为社会多元治理的一种力量，参与社区治理，发挥公共服务作用。社会工作运用专业价值观和理论，为社区网格化、精细化治理提供优化服务，同时实现多元主体参与社区治理。

社区网格化的目标是通过整合现代科技手段实现精细化管理，而社会工作则通过提供精细化的社会服务满足社区居民多样化的需求。社会工作源于基层，扎根基层，服务基层。将社会工作的专业化方法融入网格化社区治理中，能够发挥社会工作的职业价值，在基层社区，社会工作与社区网格化管理可以实现共同融合。

一、社区网格化治理中社会工作介入服务的理念

在社会工作参与社区网格化治理的过程中，社会工作一直秉承独特的价值理念开展专业服务，如弱势优先、赋权增能、多元参与社区治理的服务理念，使社区治理更加专业化和动态化。

（一）弱势优先、助人自助

社会工作起源于慈善救助活动，是社会中的中上层人员受人道主义或宗教信仰的驱使，对社会上贫困及不幸者的施舍。随着社会问题越来越复杂，政府或私人社团开始对社会上由于失业、贫困、疾病、老年、残障、精神疾患、孤寡等各种原因陷入极度经济困境的人们的进行扶助与救济。各国社会工作发展初期，社会工作首先帮助的都是社会上最边缘、最困难的人。

社会工作的基本对象主要包括贫困群体、脆弱群体和其他处于

不利地位的群体。社会工作所关注的弱势群体主要是指失业者、外来务工人员、残疾人、老人等。社会工作坚持以人为本、助人为乐、社会公正、利他主义的价值原则，强调社会公平正义。

（二）社区为本

社区日常生活是分析和践行社会工作实践性最恰当的场域、落脚点。在社会公正价值理念的指引下，社会工作将个体和家庭问题置于社区的生活生态系统中进行分析，运用“人在环境中”的视角进行社会性问题、需求和优势、资产评估，制定改变的目标计划，强调社区认同、社会交往、社会组织等对个体问题的形成及其解决的影响，重拾个人即社会的价值理念。引导社区居民、弱势群体、特殊群体、社区组织、企业等积极参与社区事务，推动社区个案救助与社区共治协同发展，将分散的居民组织起来，提升社区居民参与能力，发展社区自助和互助。社会工作者推动社区治理发展，共同打造共建共治共享的社会治理格局。

二、社区网格化治理中社会工作介入服务主体

社区网格化治理中存在着多个主体力量，包括政府、社区、社区居民、社会工作者，不同主体由于其本身的角色定位而发挥着各自的功能。

（一）政　府

作为中国特色社会主义的一种社会管理实践，我国的社区网格化治理是由政府主导的自上而下的创新举措，旨在实现更好的社会

治理。

第一，政府在推动社区网格化治理中发挥着顶层设计的作用。它在引入社会组织、社区、市场等力量方面发挥着引导作用，推动社会各方力量参与社区治理。“网格化管理和社会化服务”“多元参与，协同治理”“健全基层综合服务管理平台”等都体现了政府在推动我国社会治理中发挥顶层设计的作用。

第二，政府扮演着指导者的角色。在社区网格化治理中，社会工作介入服务是由政府出资，购买社会组织服务。作为出资方，政府要明确社区发展的路径，结合当地社区的实际情况，建立社会工作参与社区网格治理的框架。为此，基层政府应深入实际，从居民需求出发，坚持问题导向，提出网格化社区治理中社区发展路径，明确社会工作介入的目标，确定购买项目的服务领域、服务类型、服务主要范围、服务对象，以便社会组织提供精细化的服务。

第三，政府要掌握好赋能者的角色。在社区网格化治理中，政府引入社区、市场和社会力量参与社区建设，政府应该赋予市场更多的权力，将专业的社区服务委托给专业的人去做，给予市场更多的自由，让其服务好前端，政府服务好后端。

（二）居民（村民）委员会

社区居民（村民）委员会是执行上级人民政府制定的政策的主要力量。在社区网格化治理所涉及的社会工作中，社区居民（村民）委员会要培养社区居民参与的意识，充分发扬“基层民主”，构建社区居民自治体系，丰富社区治理内容。同时，社区居民（村民）委员会可以利用自己的角色，将社区中的不同行动者，如社区居民、政府、社区组织和社会工作者有机地联系起来，以资产为本，发掘社区优势资产，实现社区治理的优化。

（三）社区居民

在社区网格化治理中，社区居民是不可或缺的重要组成部分。社区居民既是服务对象系统，又是目标系统，同时也是与社会工作者一起努力改变社区的行动系统。社会工作者在扎根社区时，必须激发社区居民参与社区事务的动力，增强社区居民之间、社区居民和社区组织之间的联动，积极参与社区网格化治理，促进社区的发展。

（四）社会工作者

社会工作者在社区网格化治理中发挥着重要作用，有利于促进社区网格化服务的专业化、精细化，提高社区居民参与社区治理的积极性。随着社会的发展，人民期望对美好生活的需要能够满足。例如，社区家庭心理支持服务、社区氛围建设方面，专业社会工作者可以用自己的专业知识、方法，提供居民所需要的专业服务，嵌入社区网格化管理，助力社区精细化治理，以此弥补政府服务管理的不足。

引入社会工作参与社区网格化治理，在一定程度上实现了“把专业的事情交给专业人员去做”，促进了社区居民、社会组织参与社区治理。

三、社区网格化治理中社会工作介入实践

社会工作介入社区网格化治理时，可以用“嵌入式”和“需求导向”的服务模式。所谓“嵌入式”服务模型，是指在我国社区治

理理念下，社会工作通过项目购买的形式进入社区基层治理，秉持社会工作的专业价值理念，开展社会工作的专业服务。所谓“需求导向”的服务模式，是指社会工作者在网格化实践中，主动发现社区需求，然后制定社会工作服务干预计划，以社会工作的方法进行介入，为社区居民提供专业服务。

（一）社会工作介入提升社区网格化治理专业性

“社区网格化治理”模式的主要内容可概括为：信息化支撑、精细化管理、人性化服务、多元化参与、规范化运行。

社会工作作为一种专业的服务，相信人的内在价值和尊严，相信人有改变、成长和进步的潜力；强调以人为本、接纳、尊重、关怀、个性化、非评判、案主自决等；推崇“助人自助”，相信心灵可以触动心灵、生命可以影响生命。在助人关系中，社工不是权威，更不是操纵者，而是服务对象的同伴和同路人。双方的互动与合作可以促进服务对象的潜力发挥，促使社会工作者的个人成长。在个案、小组、社区服务、社区建设等方面工作，社会工作者都以需求为导向。这种工作方式有助于社会工作者更好地服务。下面主要介绍个案工作和小组工作的案例。

1. 个案工作服务实践

个案基本资料：X某（化名），男，60岁。社区居委会的工作人员向陈师社区社工服务机构致电，表示服务对象可能产生了抑郁倾向，如果再不加以干预，服务对象可能会出现自杀倾向，因此寻求社会工作者能够为其提供帮助。

服务对象55岁时失独，57岁时丧偶。亲人的相继离去，对服务对象的内心造成了巨大的打击，服务对象一改往日热情开朗的性格，服务对象表现出焦虑无助的情绪，对生活丧失希望，养成了吸烟、酗酒等不良习惯，脾气也逐渐变得暴躁起来，气走了常来照顾他日常生活的妹妹，往日的朋友也不敢再上门探望。社区居委会工作人员多次上门探访，敲门无人回应，希望能够帮助服务对象走出困境。

经济状况：服务对象唯一经济来源靠老家田地承包出去的租金（每月 500 元）维持生活，这些租金根本无法支持服务对象还清债务，再加上服务对象有高血压、高血糖等身体问题，需长期吃药。

案例分析（预估）：服务对象有抑郁倾向，情绪极度不稳定。服务对象自儿子死后，很内疚、时常感到自责，他将儿子的死归结在自己身上，脾气变得暴躁，经常会与妹妹发生争吵，妹妹也不愿与他交往。逃避社会交往，致使人际关系网络变得薄弱，社区工作人员多次上门探访屡遭拒绝。服务对象面临着养老、疾病、日常生活、心理健康等方面的问题，因此，服务对象急需社会工作者介入对其进行情绪疏导，帮助其尽快脱离自责情绪，树立正确的信念。同时，对服务对象的问题进行介入，帮助服务对象找出并建立可用的社会支持。

个案介入过程：

第一，社工与 X 某建立专业关系，取得其信任。通过走访调查及档案查阅的方法收集了服务对象的具体情况，并对服务对象的需求进行初步评估，与其建立起良好的信任关系和专业关系，为其提供心理上的支持。

第二，增强非正式支持。消除服务对象与妹妹之间的误会，获取亲属支持，帮助服务对象走出伤痛。社会工作者通过与 X 某沟通以及 X 某写下来的问题纸条发现，其之所以一直走不出丧独之痛，主要是因为缺少亲属的支持。社会工作者主动邀请他的妹妹，向妹妹如实转达服务对象失独后的一些真实状况，让其了解服务对象所面临的处境，鼓励服务对象主动联系妹妹，化解与妹妹之间的矛盾。

第三，强化正式支持。增强服务对象的社会支持网络，为其解决所面临的日常生活照顾、健康等问题，缓解服务对象的经济压力。社会工作者通过帮助服务对象建立正式的社会支持网络，解决经济难、看病难等问题，邀请民政局工作人员、社区医院医生、居委会主任以及青年志愿者一起上门探望服务对象，共同商讨帮扶方法。

第四，纠正非理性信念，帮助服务对象走出情绪困境，树立活下去的信心和勇气。社工运用鼓励支持的技巧，引导服务对象主动宣泄情绪，在服务对象感到悲伤或者情绪过于激动的地方及时进行疏导，此处运用理性情绪疗法和认知疗法对服务对象认为儿子的去世和自己有关的非理性信念进行纠正，通过交流使服务对象接受儿子已经去世的事实，引导服务对象重新树立正确的信念。邀请服务对象的侄子来探望并陪同他说说话，帮助服务对象建立新的情感寄托，虽然儿子已经不在了，但是侄子还在，这也算是一种血脉延续。社会工作者向其侄子解释了服务对象的状况，并表示服务对象非常需要家人的陪伴，侄子因此表示放假的时候会常来看他，服务对象有了新的情感寄托，对生活重新燃起希望，在家人的陪伴下走出伤痛。

第五，引导融入社区。促使服务对象参与社区活动，主动融入社区。以增能理论为基础，社会工作者鼓励服务对象走出家门，在妹妹与社会工作者的陪同下重新融入社区。为了避免服务对象参加活动时出现被孤立、融入难等问题，提前与参与活动的成员达成共识，一同帮助服务对象融入社区，让服务对象感受到他人的关怀，从而使其在今后的日子更加愿意接受他人的帮助。整个过程中使用沟通的技巧，鼓励服务对象参与活动中去，活动临近尾声时，邀请参与活动的社区居民来倾听服务对象的心声，以此达到促使服务对象尽快融入社区中去的目的。

评估：纠正了服务对象的非理性信念，重新燃起服务对象活下去的信心；帮助服务对象建立起完善的社会支持系统，社区医院的医生、居委会主任分别帮助服务对象解决看病困难和经济困难的问题。为服务对象组成了专门的志愿者团队，定期上门为服务对象服务，帮助服务对象重新融入社区。整个介入活动中，社会工作者始终坚持助人自助的原则，彰显了专业性。

X某的个案充分体现的社会工作服务的专业性，整个个案的服务过程中，体现着浓浓的人文关怀气息，感受着人与人的真诚、信任沟通关系。通过社会工作者运用专业的沟通技巧，使个案服务对象解决困扰问题，恢复正常的社会化生活。

2. 小组工作实践

以在社区开展的老年小组为例，来说明小组工作方法在网格化治理中的使用。

小组背景资料：

KY社区，隶属南京市JN区某街道，辖区范围东至天印大道，南至诚信大道，西至竹山路，北至金箔路（除骆村，晓里社区管辖范围外）。地铁一号线穿社区而过，交通十分便利。社区服务中心（社区居委会）位于天元东路50号。KY社区有居民小区24个，现有住户13800户，常住居民40000人，流动人口20000余人，是JN区人口最多社区。资料显示，KY社区内现有户籍登记60周岁以上的老人866人，占社区总人口的2.17%，老龄化程度较轻。但是，社区内老人中，有许多患有慢性病的老人，他们占社区老年人口总数的89.4%，其中心脏病、高血压、糖尿病这些常见慢性疾病的患病率在社区老人中高达91.6%，其症状为心悸失眠、胸闷乏力、劳力性呼吸困难、双下肢水肿、腰腿疼痛等，严重影响着老年人的日常生活与出行。

为了帮助这些老人，需要了解这些老年人的具体生活情况。社区调研走访中，社会工作者发现，该社区内的很多慢性病老人，还是独居老人。儿女不在身边，邻里之间又缺乏交流，让这些独居、空巢的慢性病老人生活更加困难。在与老人们的交谈中，我们了解到，这些老人对于有关疾病知识的需求比较强烈，如高血压的康复知识、糖尿病的康复知识、脑中风的康复知识、关节退化的康复知识、癌症康复知识等。例如，王奶奶是较有代表性的一位老人，她长期患有冠心病、糖尿病、风湿性关节炎，疾病导致她行动不便，手脚严重变形、浮肿。几年前，王奶奶的老伴因病离世，儿女因为工作忙不能常来看望她，老人独自在家，很孤单。年轻时争强好胜的她，在孤独、疾病的摧残下变得越来越恐惧、害怕，有事无人诉说，整天郁郁寡欢。社区另一位老人姜奶奶，患有高血压、胃病，腿脚残疾，平时很少出门，最远也只能到附近的超市买些生活必需品和药品。子女不和老人一起住，平时工作忙，还经常出差，所以很少会来看望老人。姜奶奶因为上了年纪，听力退化，与人沟通也比较困难。久而久之，奶奶变得更加沉默寡言，上门探访时发现，姜奶奶不喜欢和他人讲话。

整体上看，这些老年人生活得很孤单，缺少支持。支持网络是协助老年人进入健康老年的重要元素。有研究表明，越是拥有良好人际关系网络的老年人，他们越是能够维持良好的身心健康。随着年纪逐渐增长，子女会成家立业而离家，或伴侣离世，体力衰退、健康下滑，或社交圈子逐渐缩窄，于是老年人越来越感到孤独，小组正好为老年人提供了人际交往的机会，重新建立新的支持网络，协助他们面对老年人的种种失落，如丧偶、社会地位下降、人际关系疏离与减弱以及慢性病的应对等。

小组理念：

随着年龄的增长，老年人生理机能下降，心血管系统、呼吸系统、消化系统、运动系统、内分泌系统、神经系统、感觉系统等方面都出现功能性退化，身体抵抗力、抗压能力等都在下降，其自身患病的可能性远高于其他群体，再加上家族遗传、不适宜的自然环境、不合格的食物、不健康的生活方式等因素，老年人患心脑血管疾病、糖尿病、慢性呼吸系统等慢性病的概率急剧增加，同时，慢性病属于病程长且通常情况下发展缓慢的疾病，具有病因复杂、健康损害和社会危害严重等特点。另外，虽然现在社会上建有不少老年安养中心、养老院，但是大多数老人还是以家庭养老为主。对于居家养老的老年人来说，生活自理已实属不易，充实的、有意义、有尊严的晚年生活就更难实现了。对慢性病老人来说，长期的治疗加重了家庭的经济负担，即使得到医疗保障，也会产生内疚。而对疾病以及以后的担心更增加了老年人的精神压力，使老年人产生抑郁、焦虑等消极情绪，甚至为避免疾病加重或复发而拒绝正常的社会生活，拒绝外出旅游和参加再学习，他们孤独、寂寞，个别老人甚至全年足不出户。

其实，长期慢性病老人最主要的需要是有充足的机会进行社会交往。交往是社会生活的重要组成部分，人们通过交往得到思想的交流、情绪的宣泄、精神的慰藉。在与他人的交往中，老年人可以有充足的机会表达感觉；有充足的渠道获得感情支持；有机会参与有趣的、富有成果的活动并达到目标；能够达到特定情境的要求（如工作、社会事务）；得到信息从而获得一些关于未来的确定性；对于他们的身体状况、社区资源有所了解；在有需求时能获得帮助和有办法保障身体的灵活性。社会工作视角下，老年人属于社会弱势群体。选择慢性病老年人为服务群体，开展各种专业性的介入活动和非专业性的学习与娱乐活动，通过这些小组活动，与老人接触交流，能够鼓励老人们拓展社会交往领域，积极参加社会活动，培养兴趣，丰富闲暇生活，养成健康生活方式，提高生活质量。

小组理论基础：

优势视角。认为每个人、群体、组织和社区都有内在的能力，包括天赋、知识、社会支持和资源，只要条件合适，其就会建设性地发挥自身功能。优势视角的宗旨是：协助服务对象凭借自己的力量实现目标和愿望。强调服务对象能力的提升。

社会支持网络。可以给人们支持作用的社会网络。从一般意义上说，社会支持是指人们从社会中所得到的、来自他人的各种帮助。非正式的支持系统，主要来自家庭、朋友、邻居、同事、亲戚等提供的物质与精神帮助，正式的支持系统，包括党派、专业团体、群众组织及各种协会，能给人们增加福利、权利，满足人们短期或特别的需要。根据社会支持理论，一个人的社会支持网络越强大，就越有能力应对各种环境挑战。以社会支持理论为导向的社会工作，强调通过干预来改变个人社会网络在其生活中的作用。特别是对于那些缺乏社交网络资源或使用社交网络能力不足的个人，社会工作者努力为他们提供必要的帮助，帮助他们扩大社交网络资源，提高他们使用社交网络的能力。

沟通理论。沟通理论强调人际沟通在人际关系中的重要性。它认为，许多人的行为问题都存在于人际沟通中，例如没有正确地接收、选择和评估信息，没有很好地给予或接收反馈信息等。沟通理论侧重于研究人与人之间的关系控制。关系双方如何发送和反馈信息，以及每一个信息的含义是什么，是沟通理论研究的内容。

班杜拉社会学习理论。班杜拉是社会学习理论的创始人，他认为，人、环境和行为是相互影响和决定的。人们主要通过观察他人的行为及其结果来学习和获得行为。根据班杜拉的理论，人们可以通过观察和学习获得替代强化，然后控制自我强化，从而形成自我行为。通过替代强化，一个看到成功或赞扬他人行为的人会增加以同样方式行事的倾向，反之亦然。自我强化是指一旦你被社会化，你就可以制定自己的标准，并使用这些内部标准来评估、奖励和惩罚自己的行为。

在综合分析了这些理论知识的基础上，社会工作者采取体验式学习的方式，让社区慢性病老人参与到小组中来，使他们能够获得真正意义上的成长。

小组目的及目标：

目的：提高社区中慢性病老人的健康意识，加强老年人之间的联系，建立老年人社会支持网络，关注和关爱老年弱势群体，促进老人自助、互助，提高老年人生活质量。

目标：帮助老人们消除孤独感，使老人之间相互联络感情，放松身心；提升老人的社交能力，让老人们相互学习、反思和成长；让老年人掌握基本的健身保健、养生的知识；向对手工感兴趣的老人们教一些手工艺品的制作方法，提高老人的生活情趣，丰富老人们的日常生活，为老人增能。

小组特征：

（1）小组名称：乐活人生；

（2）小组性质：开放式的教育娱乐小组；

（3）组员：KY 社区中有参加活动意愿的慢性病老人；

（4）次数：6 次；

（5）小组周期及频率：每周 1 次。时间：45—50 分钟；

（6）地点：KY 社区服务中心图书室；

（7）预计人数：7—8 人。

组员招募：首先采用社区海报、传单宣传的方式吸引老人参加；由社区工作者告知、打电话邀约等方式尽量让更多的老人知道、了解活动内容，参与进来。

小组具体活动计划：

单元	步骤	活动名称	目　的	准　备	时间（分钟）
一、相聚是缘	1	开场白	组员和工作人员之间相互认识；组员了解小组活动的目的、目标、内容、原则	活动室布置（张贴活动海报）、茶水、麦克风、音响设备	10
	2	相聚今朝	组员之间的相互熟悉	小球	10
	3	小组规范	增进小组的凝聚力和个体归属感		
	4	找朋友	热身破冰游戏；组员之间相互联络感情，活跃气氛	写上歌名的纸条	10
	5	养生操	让组员明白养生的重要性；掌握基本的养生操	下载好的健身操视频	20
	6	交流分享	梳理本次活动探索的收获，回馈总结		10
二、我的方法与你分享	1	青蛙跳水	热身小游戏，提高小组成员的感应能力		10
	2	分享生活体验	组员分享慢性病对日常生活的影响，记下他们在保健方面存在的困惑和难题	纸、笔	30
	3	我的秘笈	共同探讨保健方法和资源		20
	4	分享与总结	梳理本次活动探索的收获，回馈总结		10

（续表）

单元	步骤	活动名称	目　的	准　备	时间（分钟）
三、与疾病做朋友	1	专家来了	组员和老年护理专家相互认识		5
	2	互动指导	提升组员对于老年疾病的认识	PPT、电脑	60
	3	讨论总结	让组员能够将所学知识应用到实际生活中去		25
四、心灵手巧（一）	1	学习养生操	热身，融洽小组气氛，培养老人们养生微运动的好习惯		10
	2	手工制作（丝网花）	锻炼老人们的动手能力，提高团结协作的能力，感受到生活的乐趣，重拾自信心	丝网、剪刀、叶子、花秆、钳子、线等丝网花必须材料	50
	3	总结分享	与组员共同探索本次活动的收获，提出对于下一次活动的期望		10
五、心灵手巧（二）	1	口是心非	热身游戏，提高组员的注意力和对下面活动的参与力；锻炼组员思维能力，在组内形成良好的沟通模式		10
	2	手腕操	增强老年人的手腕活动能力，降低受伤概率，改善身体机能	轻音乐、播放器	10
	3	手工串珠（花瓶）	锻炼老人的动手与动脑能力；培养老人的兴趣爱好，丰富老人的生活	珠子、串珠线、剪刀	50
	4	交流分享	梳理本次活动探索的收获，回馈总结		10

（续表）

单元	步骤	活动名称	目　的	准　备	时间（分钟）
六、高人指点	1	轻柔按摩	放松身体和情绪，增进组员彼此联结	音乐	10
	2	高手指路	(1) 学习日常按摩知识和技巧；(2) 加强组员彼此沟通和交流，建立相互间的信任	小礼品	30
	3	为您服务	通过身体上的接触，让组员之间关系更加亲密，体验互助的快乐		20
	4	总结分享	梳理本次活动探索的收获，回馈总结；并布置活动结束后的练习		10
七、发展互助支持系统	1	挑战数数字	热身游戏，锻炼老人思维能力和反应力		10
	2	我该找谁？	让组员了解支持系统的意义，工作员了解组员的支持系统	便签纸、笔	20
	3	我是你的好朋友	引导组员认识相互支持的意义		30
	4	讨论与总结	回顾整个小组进程，讨论今后在生活中相互支持的好处及方法		20
八、健康启航	1	重温养生操	热身，融洽小组气氛，巩固所学过的养生操，养成养生微运动好习惯		10
	2	总结评估	回顾小组过程，总结评估		30
	3	快乐离别	梳理本期小组的收获，回馈总结，处理离别情绪		20

总结评估：

虽然是开放式小组，但经过这几次小组活动，有些老人已经对小组产生了深厚的感情，每次都能来准时参加小组活动，老人们与工作员之间建立了深厚的情谊，老人对工作员配合度很高。来参加活动的组员能够一起参与做养生操，锻炼身体、普及养生知识的目标已经达到。在小组开展活动的过程中，不断有对手工制作感兴趣的老人参与到活动中来，老人们学会了简单的手工艺品制作方法，丰富了自己的日常生活，住在同一小区的老人之间也建立了一定的联系，有形成互助网络的征兆。总体而言小组目标基本达成。

社会工作者设计的小组主要可分为两个主题：养生保健知识和手工制作技巧。养生操、按摩技巧很适合老年人学习，帮助他们活动筋骨，从活动开展过程中，可以看出取得的效果不错。同时，作为一个开放性的教育娱乐型小组，来参加小组活动的成员都是对养生、手工制作有着浓厚兴趣的老人，因此，在后期操作中，社工也适当地增加了养生保健、手工制作环节，带动小组进程的正向发展，选取的手工艺品制作难度不大，且都是组员们兴趣所在，因而总体效果良好。

经过几次小组活动后，老人们已经习惯于每周开展活动的时间段提前来到社区服务中心，在服务中心的图书馆里等社会工作者准备好活动材料，邀请他们参加活动。组员之间的关系有了进一步发展，认识了住在同小区的老人，并且产生与更多老人认识交流、建立友好关系的意愿。老人们与社会工作者之间也建立了深厚的友谊，例如，T 奶奶每周都会最早来到社区活动中心，主动提出帮助社会工作者整理发放材料，与社会工作者一起招呼之后陆续到达的组员。组员们对于小组活动的热情很大，在每次小组结束后，L 奶奶都会向社会工作者再三确认下一节小组活动开展的具体时间和具体内容。

小组沟通模式以领导者为中心，随着小组进度的推进，组员之间出现讨论，互相补充，出现以网状结构的沟通模式。游戏环节，组员参与度高，对于一些反应比较迟钝的老人，大家也会耐心等他们反应、会提醒，这让小组气氛更加和睦，组员关系更加友善。

KY 社区是 JN 区较大的社区，辖区范围广，社区所包括的小区众多，由于各个小区内经济状况不一，所以某些小区内基础设施差，硬件设备和服务水平跟不上老年人的需要。医疗、文化、娱乐、健身等设备紧缺，社区针对老年人的活动比较匮乏，使得很多老年人失去了参与社区活动的兴趣。社区在对老年人服务机构、专业队伍建设方面较为落后，社区针对老年人的服务项目较少，服务水平不高，服务对象覆盖面较窄，老年人的参与度不高。KY 社区内并没有针对老年人的专业服务机构，也没有专业服务老年人的队伍，服务队伍的工作主要由社区内工作人员和附近高校的学生志愿者完成，社区工作人员平时有自己的工作要完成，志愿者服务时间也不固定，不能经常关心照顾老人的生活。社区内现有的服务项目不多，长期坚持的只有免费送餐服务，但是能够享受免费午餐服务的人群比较少，只有 70 岁以上的独居老人才可以享受，而且据老人们反映，免费午餐的菜比较油腻，不符合老年人的口味，所以免费午餐活动也面临着一些亟待解决的问题。

在社区网格化管理体制中可以设置社会工作岗位、引进社会工作专业人才，构造“网格社工”的新概念——即以社会工作者去扮演和充当网格管理工作人员的部分角色和功能。

（二）社会工作介入提高社区网格化治理精细化

社区网格的重要任务是在网格工作人员中进行日常巡查，及时处理发现的问题，并报告疑难事件进行信息处理。在日常工作中，网格员可以与社区居民深入接触，对社区的需求进行分类和记录，以便更清楚地了解社区居民的需求，并进行详细的管理。在划分社区需求时，网格员可以立即处理私拉电线、消防安全隐患的工单，也可以将工单上报网格平台处理。但在居民出现情绪危机、精神病患者帮助、夫妻感情、丧亲家庭心理支持、独居老人、困境儿童等情况时，就需要社会工作提供专业服务来提供帮助，从而为社区网格化治理服务提供精细化服务补充。

社会工作者在城市社区开展的服务项目，可以包括面向社区重点群体的服务项目、面向社区全体居民的服务项目和社区多元共治项目三类。

1. 面向社区重点群体的服务项目

（1）社区老年人服务项目。包括成立助老服务队、建立老年人服务档案、完善老年人活动场所设施和条件、老年人文体娱乐服务、老年人日常生活服务及照料、老年人精神慰藉服务、老年人安全与权益维护等。

（2）社区未成年人服务项目。包括成立未成年人服务队伍、建设青少年活动空间、幼儿早期教育发展、儿童辅导托管、青少年兴趣培育、青少年社会能力培养、青少年思想道德教育、青少年安全教育、青少年法律服务、青少年心理服务、重点未成年人群体服务等。

（3）社区残疾人服务项目。包括成立助残服务队、残疾人设备设施建设、助残宣传、残疾人便民生活服务、残疾人文体娱乐服务、残疾人生活技能训练、残疾人康复服务、残疾人心理服务、残疾人社会融合、残疾人就业服务、残疾人法律服务、残疾人展能、残疾人慈善帮扶等。

（4）社区其他重要群体服务项目。社区其他重要群体服务项目是为社区妇女、辖区单位职工、社区失业人员、社区刑满释放人员、社区服刑人员、流浪乞讨人员、社区患病居民、社区戒毒康复人员等群体提供的服务。

2. 面向社区全体居民的服务项目

此类服务项目面向社区的全体居民，是根据不同服务领域提供相应的社区服务，其项目类型主要包括：

（1）社区邻里守望服务项目。包括成立邻里志愿服务队、设立邻里交流场所、社区邻里守望宣传、社区邻里相互融合、社区邻里学习课堂、社区邻里慈善帮扶、社区邻里便民服务、社区邻里治安维护等。

（2）社区文化体育项目。包括社区文艺活动、社区体育运动、社区文化活动、社区手工活动等。

（3）社区环境保护服务项目。包括成立社区环保志愿者队伍、社区环保宣传培训、社区环境清洁行动、社区绿植绿化、废弃物品再利用、社区文明养犬、解决楼道堆物问题等。

（4）社区公共安全服务项目。成立社区安全志愿服务队伍、社区安全设施建设、社区安全宣传、社区安全教育培训、社区居家安全服务、社区交通安全服务等。

（5）社区心理健康服务项目。包括成立社区心理咨询师队伍、设立社区心理健康服务场所、社区心理知识宣传、开展社区心理健康服务、社区重点人群心理健康服务等。

（6）社区法律服务项目。包括成立社区法律志愿服务队伍、社区法律宣传活动、社区法制培训讲座、社区法律咨询、社区法律援助、辅助政府工作等。

（7）社区婚姻家庭服务项目。包括成立社区婚姻家庭志愿服务队、社区婚姻家庭宣传、社区相亲交友服务、社区婚姻关系辅导、社区婚姻法律服务、社区幸福家庭建设、特殊情况家庭服务等。

3. 社区多元共治项目

多元主体参与社区服务是发动居民自我管理、自我服务的力量进行社区治理。包括文明劝导队、居民议事厅和居民自管会。

例如，面对滚滚而至的银发浪潮，针对老年人的需求，不仅要提供解决供养、医疗等问题的经济保障，更需要提供大量的日常生活照料和帮助。老年人在社会层面的需要，主要包括医疗保障需求、心理慰藉需求、社会参与需求和日常照顾需求。

医疗保障需求：高龄老人由于生理机能退化，健康水平较低，医疗保障是他们最为关注和渴望满足的需求，需要专业人士照顾。生活不能自理的孤寡老人，存在无人照顾、就医难等问题。

心理慰藉需求：随着年龄增长，老年人某些特定的生理机能在发生改变，心理也出现老化现象，具体表现为失落感、孤独感、无能感、焦虑感、恐惧感等。很多老人子女不在身边，他们希望经常能有人陪伴聊天，需要情感支持、自我价值肯定、得到社会尊重。

社会参与需求：大多数老人都希望退休后能够接触社会，生活充实，希望参与各类社区活动，参加社区老年活动站、诗社、书画社等兴趣组织，做志愿者，实现自身价值。

日常照顾需求：许多老人都有日常照顾需求，如买菜、做饭、打扫卫生、看病、洗澡、如厕等。

为此，社会工作者应针对社区老年人的实际需求设计社区老年人服务项目时，项目包括如下服务内容：

成立社区助老服务队：社区空巢老人、独居老人生活无人照顾，成立由热心居民组成的社区助老服务队为他们提供服务，如日常生活照料、陪聊等，让他们安享晚年。

建立社区老年人服务档案：通过入户调查，为社区老年人建立服务档案，特别是为社区内的失能老人、空巢老人、失独老人、残疾老人、低收入老人等重点老年人群体建立服务档案，健全老年人基本信息，形成完善的服务记录。

完善社区老年人活动场所设施和条件：

（1）在社区开设老年人日间照料中心。将分散的日间照料、老年助餐、老年活动、康复健身等资源集成到一个空间，引入社会组织、医疗机构等专业资源，为老年人提供“一站式”服务。日间照料中心应具有一定的硬件设施，包括固定床、折叠床、方桌、电视、微波炉、棋类、麻将等。重点为空巢老人、独居老人、高龄老人、特困老人提供全方位的日间照料服务。

（2）建立社区老年人文体活动中心。“中心”内设图书阅览室、乒乓球室、舞蹈排练室、书画工作室、棋牌室等。

（3）设立社区老年人交流场所，如聊吧、茶社，给老年人提供一个沟通、交流的地方。

（4）完善社区老年人无障碍设施。对社区的坡道、电梯、公厕等公共设施进行无障碍改造，对失能老人进行居家设施无障碍改造、适老化改造。

社区老年人文体娱乐活动：创新助老服务方式，依托社区现有的老年活动室、健身活动设施，组织老年人开展各类文体活动：

（1）社区老年人健身锻炼活动。组建社区老年人健身俱乐部；组织老年人日常健身活动；举办社区老年人体育比赛；开展入户健身运动指导；组织老年人外出参观旅游。

（2）社区老年人文艺活动。鼓励老年人参加多样化的文艺活动，如唱歌、跳舞、棋类、桥牌等活动；组建老年人的国画、书法、诗歌等兴趣小组，开展培训学习活动，举办社区书法展览活动、为空巢老人春节写春联活动等；社区老年人摄影活动，成立老年摄影协会，举办摄影培训班；组织社区老年人观影活动。

（3）社区老年人手工活动。在专业人员指导下，开展适宜老年人参与的手工活动，如丝网花、贴钻石画、绣十字绣、串珠等。

（4）社区老年人科技应用学习。组织老年人参加社区科技应用学习活动，通过培训讲座、一对一辅导、上门指导、实际演练等方式，教老年人学习电脑上网、智能手机操作。

社区老年人医疗保健健康服务：

（1）开展社区老年人义诊、体检活动。定期集中开展社区老年人健康体检活动，体检项目包括血常规、胸透、心电图、B超、测血压等。在一些重要纪念日，如学雷锋日、世界卫生日、世界红十字日、世界人口日、世界志愿者日等，在社区开展针对老年人的义诊咨询活动。

（2）开展社区老年人健康讲座与指导。如听力健康讲座、老年人帕金森病预防讲座、老年人急救自救指导、老年人肠道健康讲座、阿尔兹海默病防治讲座、老年人心脑血管疾病讲座、老年人养生保健指导、老年人膳食营养健康指导、老年人高血压病防治讲座等。

（3）开展社区健康保健培训。如老年人用药指南、老年照护人员培训、社工健康医疗知识培训、老年人家属护理知识培训等。

（4）陪同社区老年人就医。社区志愿者陪同社区老年人就诊、协助社区老年人整理就医资料。

（5）社区老年人健康评估监测及护理。为老年人建立健康档案，指导老年人填写《健康风险评估问卷》；由专业医生上门对老年人进行评估，测量老年人的生命体征；派遣康复护理师为空巢老人提供康复服务；提供喘息服务。

（6）社区老年人医疗健康应急救助。招募一支由居民组成的社区医疗健康应急救助志愿者队伍，开设社区24小时志愿服务热线，进行突发疾病和事故的应急救助。

社区老年人日常生活服务及照料：

（1）电访老年人生活需求。建立社区老年人呼叫服务中心，由志愿者进行电话访问，了解空巢老人、失独老人的生活生存状况。

（2）敬老慰问解决困难。志愿者进入老年人家中或社区敬老院，重点走访慰问特困老人、高龄老人、失能老人、失独老人、空巢老人，了解他们的生活状况、身体状况，给老人送慰问品，并帮助他们解决实际问题。

（3）老年人家政便民服务。由志愿者为老年人提供力所能及的帮助，如理发、修脚、剪指甲服务；助浴、助洁服务；应急维修服务；代购代买服务；出行服务等。为空巢老人发放爱心联系卡，整合社区内的家政服务商，设立上门家政服务热线电话等。

（4）设立社区老年饭桌，为老年人提供就餐服务，包括集中就餐服务、送餐上门服务。

社区老年人精神慰藉服务：

（1）招募心理慰藉志愿者，定期为空巢老人提供心理慰藉服务，如电话问候、上门慰问、读报、陪聊等。

（2）定期陪伴老年人聊天，志愿者上门探访老人，了解老年人需求。

（3）节日慰问活动。在春节、元宵节、端午节、中秋节、重阳节等节日，志愿者到老年人家中开展慰问活动。

（4）举办社区敬老活动。如为老年人过生日、为老年人表演节目、庆祝金婚、寿星评选、为老年人完成心愿等活动。

（5）社区老年人心理咨询服务。对老人进行个案辅导、团体辅导，及时为他们排解压力，心理疏导。

（6）记录社区老年人生命故事。撰写老年人人生回忆录、举办老年人人生故事分享会。

(7) 社区老年人照片拍摄。为社区高龄老人拍摄个人照、为老年人拍摄全家福、为金婚老人拍摄婚纱照。

(8) 社区老年人婚姻介绍。社区开设老年人婚姻介绍所，举办老年人婚恋交友活动。

(9) 其他重点老年群体心理服务。如退休老人社区适应、外地老人融入社区、临终老人心灵呵护等。

社区老年人安全与权益维护：

包括社区老年人居家安全服务、社区老年人法律服务、社区老年人防诈骗等。

社区老年人居家安全服务：内容有老年人居家安全知识宣传、老年人防跌倒讲座、老年人居家安全隐患排查等。

社区老年人法律服务：包括老年人法律宣传咨询服务、老年人法律援助等。

社区老年人防诈骗：内容有成立防骗安全防护队、开展老年人安全理财预防金融诈骗知识讲座、社区开展老年人预防电信诈骗宣传活动等。

案例 28

“一网二微三步”乡村社区养老服务创新

一、创新背景

随着老龄化趋势的加深，农村空巢老人、留守老人养老问题日益突出，年轻型社会的养老服务体系已经难以适应当前农村的发展，因此，探索一条农村特色的养老模式迫在眉睫。

龙潭街道辖区面积 108 平方公里，总人口 7.01 万人。根据数据统计，龙潭街道60岁以上老年人13332人，约占街道人口总数的17.7%；空巢、独居老人有622人，约占老年总人口的4.6%，这些老年弱势群体在生理和心理方面都亟需得到照顾和帮扶，对专业化公益服务的需求非常迫切。而龙潭街道地处远郊，地域狭长，农村老人居住分散，城市社区养老模式与街道的实际情况不匹配，与市区养老服务资源链接不畅，发展好本土养老品牌项目显得更为重要。

由于庞大的老年人口基数、迅速增长的速度，以及龙潭街道地处远郊，与市区养老服务资源链接不畅等原因，龙潭作为农村街道构建自己的养老服务体系任重道远。2015年7月，结合栖霞区三年（2015—2017）养老服务体系建设规划，街道前后赴上海、无锡、苏州等城乡接合部养老工作先进地区考察，全面了解各地养老运营模式，经过一年的筹备，2016年成立好邻养老社，开启龙潭街道乡村养老创新之路。项目实施以来，得到辖区群众的普遍称赞，龙潭街道好邻养老社也入选为2016年南京市基层社会治理创新联系点、栖霞区2017年重点创新工作，该模式也被新华网、《南京日报》、龙虎网等跟踪报道。

二、创新内容

好邻养老社是龙潭街道重点打造的农村连锁养老品牌项目，自2015年7月筹备以来，历经近3年的时间，已经呈现1家好邻养老社服务中心和14家好邻养老社服务点的规模，实现区域全覆盖，社内设有互助聊吧、互助菜园、互助餐厅、互助理发、互助维修、互助缝补等互助项目及医疗保健、文化娱乐等多个功能室，为辖区内1万3千余名老人提供各类养老服务。

龙潭街道好邻养老社启动采用“一二三”运行模式，即，一网融合见实效；二微互动补差漏；三步并行做精品，全面统筹与重点打造相结合，动态管理实时调整，具体情况如下：

（一）一网融合：互助网格化

好邻养老社是按照街道统一标准＋自身特色的方式装修打造的居家养老连锁品牌。其最大特色是互助——整合资源，花适度的钱办出最好效果的事，倡导邻里之间的互知、互敬、互帮、互助，构建邻里互助网格。建立互助聊吧、互助菜园、互助餐厅、互助缝补、互助修理、互助医疗等。互助聊吧主要用于老人之间的谈心交流，闲话家常；互助菜园主要供老人种植各种蔬菜，就地取材，实现老人聚餐家常菜自给自足；互助理发、互助维修、互助缝补、互助医疗，是由低龄老人或具有一技之长的老人为其他老人提供专项服务。对于不方便出门的老人，各服务站还提供了个性化的上门服务。

根据农村老人对于“农村大食堂”的需求，每个好邻养老社服务点上都设有互助餐厅，老人们可在服务点的互助菜园种菜收菜，村居提供柴米油盐，老人们自己动手烹饪享受美食。在各类节假日期间，老人们可以在互助餐厅举办集体聚餐活动，如包饺子、包粽子、煮汤圆等，老人们不仅可以亲手制作美食，还可以将美食分享给行动不便的老人，由低龄老人志愿者将美食送到行动不便的老人家中，让他们一起分享喜悦。互助餐厅的集体烹饪让老人们感受到了邻里的关怀和大家庭般的温暖。

习近平总书记在党的十九大报告中提出要“加强和创新社会治理”。好邻养老社倡导构建邻里互助网格，充分利用农村地区紧密的邻里关系特色，通过好邻养老社的互助理发、互助缝补、互助娱乐等活动，增强邻里之间的获得感、幸福感和安全感，让“互知、互敬、互帮、互助”理念成为有效的社会治理、良好的社会秩序的新样本。

（二）二微互动：微力量助力微心愿

为确保养老服务与养老需求的无缝对接，各养老社均设置了邻里互助墙——“你来说，我来做”。“微力量”第一种是街道社事科通过在多种政府购买社会组织服务方式或市区街各部门三级免费送服务的形式；第二种是各村委会充分利用现有资源和特色或在辖区范围内吸纳有特长的低龄老人、社工奉献爱心，以组团化的形式加入到邻里互助养老队伍中。“微心愿”是通过定期召开座谈会或者利用社区心愿墙收集老人的建议与想法，街道和村居人员定期对老人进行回访，通过充分沟通，了解老人需求的同时，及时调整服务方式和内容。通过老人的需求反馈，在上级部门统一安排的社会服务基础上，花园村和中国厂社区好邻养老社建立了医养结合模式，陈店村结合水一方风景区打造出莲藕文化创意工作室、大棚村平安互助会入驻、飞花村成立了退休老干部党支部。为方便老人带小孩，部分服务站还设立儿童乐园等具有各村特色的服务内容，打造了在动态管理、实时调整的过程中，通过“微力量”和“微心愿”将服务与需求实现有效畅通。

好邻养老社自正式运营开始就引入街道爱心百分百志愿者联盟，鼓励低龄老人志愿者为高龄老人提供志愿服务，通过辖区内低龄退休骨干志愿者、党员志愿者的带头作用，不断引领更多的低龄老人志愿者常态化提供志愿服务。比如大棚村服务点的平安互助会和马渡村服务点的互助理发室。同时通过爱心百分百志愿者联盟不断吸收各高校及邻里间年轻的志愿新活力加入志愿者队伍，随着队伍的不断增加，定期对志愿者进行培训，不断增强志愿者的服务水平和责任意识，让新活力散发新力量。

好邻养老社服务点已达到区域全覆盖，在现有互助项目的基础上，不断推进养老与医疗相结合的模式，打造医养融合示范点。街道好邻养老社服务中心已成立医务室，聘请 1 名医生和 1 名护士，重点开展上门医疗服务，为老人解决基本医疗需求。马渡村、大棚村和长江村好邻养老社服务点与卫生服务站相互融合，利用现有地域优势，打造医养融合新试点，让老人在享受各项养老服务的同时也能便捷地享受到医疗服务，让医养融合开启邻里互助的新篇章。

（三）三步并行：以点带线，以线促面

点：街道担任领头羊，建成 800 平方米的好邻养老服务中心，作为示范基地。其中功能室十余间，包括爱心理发、华溢舞苑、银发学堂、心灵聊吧、健康小屋、中心厨房等。在街道的标杆旗帜下，各村建立分站，辖区内逐渐形成星火燎原之势，至少已有 15 家好邻养老社开业。

线：打造老人助餐线。前期，好邻养老社将助餐作为养老工作的重点内容之一，以好邻养老社中心厨房为中心，分别向东、西两个片区延伸，先后打造了龙潭街社区、中国水泥厂社区、丽江苑社区、怡江苑社区、靖安佳园社区共五个助餐点。设立专线送餐服务，以点成线，实现了周边 12 个村居的覆盖，让老人在本村居或相邻村居就能吃到热腾腾的饭菜。对于周边村居行动不便的高龄老人，各助餐点还提供送餐上门服务。

面：以点带线，以线促面。好邻养老社服务中心以及10个村居的15家好邻养老社服务点服务的老人已实现了区域全覆盖。

三、取得成效

（一）打造成5分钟服务圈——家门口的养老院

根据老人分布情况，在4—5个村民小组之间，通过合理设站、租用村民闲置房屋，老人们在5分钟内步行就能到达，又借助街道、村居、公益团队、邻里互助的力量，有效解决了老人衣食住行文化娱乐等需要，建成5分钟养老服务圈，建立了“家门口的养老院”，实现了农村居民和谐的邻里关系、“让老百姓在家里开心养老”的美好愿景。项目实施以来，得到辖区群众的普遍称赞，也日益受到上级部门的重视和肯定。

（二）政府独唱变社会大合唱——多方参与，资源叠加

推动社会治理多方参与，在政府扶助之外，各好邻养老社根据本村居老人需求与高校社团、社会组织等建立了长期合作关系，实现了服务资源的精确化，同时使服务项目各美其美、美人之美，服务效果进一步放大。如中医药大学的义诊、特色针灸、穴位按摩；南京大学社会学院的老人特色陪聊项目；常春藤老年服务中心的免费缝补、保健护理项目等。每个好邻养老社每月能开展公益服务20次，日常项目每日开门服务。此外，为充分调动社会参与，养老社吸纳基层党员成立爱心百分百志愿者联盟，采取“时间银行”运作模式，服务项目涵盖修理电灯、疏通下水道、送医陪护等。通过积分超市兑换，鼓励了更多志愿者参与到为老服务队伍中来。

（三）以邻助老、以老助老——实现“养老+就业”双赢局面

各社招聘辖区内精准扶贫户专职管理社里的日常工作，同时，针对辖区内的失能、半失能老人，以政府购买的服务方式，由低龄老人化身护理员的服务项目。为提高低龄老人的护理服务水平，龙潭街道与专业的护理学校建立定向合作关系，对养老护理员实行免费岗前培训，考核合格后，就近安排服务对象。在满足弱势老人服务需求的同时，帮助解决部分贫苦户和低龄老人的就业问题，满足辖区内群众的就业需求，逐步实现了“养老＋就业”的双赢局面，打造了以邻助老和以老助老的模式。

好邻养老社服务点较多，服务项目不断丰富，通过医疗康复、家政陪护、文娱活动等项目公开招标的形式，外引更多品牌化、专业化的社会组织，为各服务点提供更加专业的养老服务，同时也将持续与仙林各大高校志愿团队保持密切合作，如南京中医药大学杏林社等。通过吸引更多年轻人，将年轻的思维、青春的活力带入为老、助老的队伍中来。通过专业化社会组织的参与，让老人享受到的养老服务更专业、服务质量更好，同时社会组织的介入，让原本老人之间的互助方式更加有效，进一步提高老人们的归属感和幸福感。

四、创新意义

龙潭街道好邻养老社，因地设站、因人制宜，实现了辖区内“自我造血型”和“外来注入型”并行的身边养老服务体系，以农村“熟人社会”的现状为基础，从创新提出“互助养老”到“全方位多层次特色养老”的服务模式，传递“邻里互助”精神，打造出具有中华美德的和谐邻里关系以及分享经济——

你有我有全都有时代特点的、传统和现代思想相互交融的、互助型农村居家养老连锁品牌模式。

好邻养老社填补了龙潭地区养老连锁模式的空白，在现有服务点地区全覆盖的基础上，不断深入挖掘好邻养老社项目特色，加强与各类社会组织的紧密联系，丰富开展老人喜闻乐见的各类活动，增加老人的参与度和满意度，让邻里互助、社会组织、志愿团队共同推进农村地区社会治理水平。（来源：栖霞区龙潭街道，2018 年）

第八章　社区工作者（网格员）

根据《江苏省城乡网格化服务管理办法》，网格员是指在网格中从事服务管理工作的人员，包括网格长、专职网格员和兼职网格员。综合网格的网格长和专职网格员是城乡社区工作者的组成部分。

社区工作的推动主要依靠社区工作者的实务活动来体现。

一、社区工作者的涵义及使命

（一）什么是社区工作者

1. 社区工作者的涵义

社区工作者是指在社区工作的社会工作者。他们要么受雇于政府机构，要么受雇于非营利社会福利组织（如社区中心）。他们是专业的社会工作者，在社区应用社区工作方法，组织社区居民，调动社区资源，解决社区问题，促进社区进步和发展。

由此可见，社区工作者具有以下特征：社区工作者的工作对象主要是整个社区及其社区的全体居民；社区工作者的任务是利用社会工作方法去解决社区中的具体问题，满足社区居民的多样化需求；大多数社区工作者受雇于社会福利机构。国际社会工作界普遍认可的专业社会工作者应符合以下要求：具有社会工作职业证照（如获得社会工作师、助理社会工作师资格证）；具备社会工作的专业教育背景（接受社会工作专科教育或本科教育经历，一般是2—4年）；受到社会工作职业道德的约束，认同并遵守社会工作伦理价值；加入社会工作专业组织；以社会工作作为职业。

在我国，实际社区工作者与专业社区工作者不相同，实际社区工作者可以包括专业社区工作者，但并非所有实际社区工作者都是专业社区工作者。

2. 社区工作者队伍构成

从我国内地的实践看，社区工作者由两部分构成：一是依法选举产生的社区党支部、社区居委会成员，二是通过街镇政府统一组织的面向社会公开招考被聘用的人员，如网格员、社区工作者等。

3. 社区工作者角色定位

社区工作的对象是整个社区，社区工作者主要扮演的角色有领导者、推动者、技术专家、治疗者、规划者、倡导者、启发催化者；支持鼓励者、协调联络者、资源中介等。

（二）社区工作者的使命

1. 寻求社会公正

社会正义也被称为“分配正义”。其核心内涵反映了社会资源的分配过程，强调通过各种社会制度，在社会中合理分配利益或负担。弱势群体之所以陷入困境，就是由于社会中的资源、权利分配不公，社区工作的基本目的是重新分配基层社会资源，促进基层社会实现公平公正。社区工作者的使命就是要经过自己的努力，改善不合理的制度，倡导更公平的社会政策和资源分配。

2. 促进意识提升

意识提升是指对一个人进行持续的自我教育、不断拓宽视野和持续理性分析的过程，包括认识到个人面临的困难，以及社区其他居民面临的共同的问题；认识到社区的问题不仅仅是个人原因造成的，也可能是社会结构、体制原因带来的。社区工作者应提高社区居民的意识，善于利用集体的智慧，与其他居民一起寻找解决问题的方法。

3. 推动集体参与

集体参与强调利用集体智慧解决社区问题。社区工作者认为，集体参与是解决社区问题和提高社区意识的重要途径。通过集体参与，人们可以交换意见，集思广益，这有助于拓宽个人视野，调整个人欲望。这也有助于根据集体意愿做出决定。这通常是大多数人愿意接受和执行的决定。

二、社区工作者的素质修养

（一）社区工作者政治素质

在社区工作者的素质中，政治素质起着决定性和主导作用。一名社区工作者只有拥有正确的世界观和方法论、坚定的政治立场和全心全意为人民服务的宗旨，才能有正确的幸福观、荣辱观、美丑观、善恶观，才能以坦荡大度的胸怀和一以贯之的言行完成各项工作。

（二）社区工作者的道德伦理素质

1. 道德伦理素质对于社区工作者的重要性

道德伦理素质指导社会工作者如何运用观察、思考、感受和行动来实现社会工作的目的；道德伦理能促进社会转型，转变社会结构，而改革社会结构的过程，又会提高社会工作者的道德水平；职业道德也有能力改造文化。

2. 社区工作者的道德素质的体现——工作态度

社会工作的本质是助人自助，这决定了社会工作是以奉献为中心的利他主义，利他主义是社会工作价值观的核心。在社区工作中，工作人员的工作态度非常重要，他们的表现将直接影响工作的成败。

（1）奉献精神。社区工作者要有奉献精神，他们进入社区工作的目的不是索取，而是奉献。社区工作者通常是在陷入困难的问题社区工作，或者是针对缺乏资源的困境居民开展服务。当服务对象得到帮助后，社区工作者获得的仅仅是个人的认可和赞扬，或者说是对社会工作专业价值的认可和肯定。也就是说，社区工作者在工作过程中并不能得到来自服务对象的物质报酬，或者来自社会的精神奖励，这就需要社区工作者对工作过程有奉献精神和良好的意愿。

（2）坚韧不拔。社区工作者的服务对象通常是处于困难社区中的居民，或者是处于生活困境中的社区居民，他们的正常社会生活功能受到破坏，因此这些居民的观念、意识和情绪可能会暂时偏离社会的正常标准，充满着负能量，对社会不满。当社区工作者与他们互动，甚至为他们服务时，经常遭到来自这些服务对象的抱怨和误解。这就要求社区工作者面对困难必须有坚韧不拔的精神。

（3）敬业负责。奉献和责任是社区工作者的基本义务，要求社区工作者遵守工作制度，坚守工作岗位，认真负责地完成他们的工作任务；忠于职守，尽力做好本职工作，切实有效地开展服务，所谓“在其位，谋其政，司其职，尽其责”。

（三）社区工作者的知识素养

一个合格的社区工作者，不仅要有奉献精神和敬业精神、有高尚的道德品质修养，还必须掌握开展社区工作的相关知识。在社会工作中，社区工作属于宏观操作方法，行动取向侧重社会改革，这就要求社区工作者应当向通才方向发展，其知识结构应该是复合型的，包括政治、经济、人文、科技等各方面知识。其中，尤其以社会学、心理学、管理学和法律等方面的知识最重要。

1. 社会学知识

社区工作的对象主要是社区及社区居民，而社区是社会的载体，是一个浓缩的社会。社区中各种问题的发生都是各种社会因素相互作用的结果。社区工作者对社会的充分认识有助于他们对问题的认识和了解，也有助于问题的解决。社区工作者需要掌握的社会知识包括：一是有关社会结构的知识。社区工作者关注弱势群体在社会不平等分配结构中的处境，并希望通过各种途径和方法来改变这种处境。掌握社会结构的知识有助于社区工作者了解和分析社会资源、社会利益分配的格局，也有助于解决宏观性社会问题。二是有关社会互动的知识。对社区工作者而言，社会互动的知识可以帮助理解具体社区中人与人的互动过程和规律、社会团结状况，以便选择适当的介入模式，更好地推动社区居民参与，达到运用集体力量、通过互助和自助解决社区问题、增进社区凝聚力的目标。三是有关社会问题的知识。社会问题是影响社区正常生活、运行和发展的重要因素，社区工作的任务目标就是要解决社区实际存在的问题。所以，社区工作者在实际工作中，要了解社会问题的成因、变化过程及规律，对社区问题作出客观、正确的认定，并设计出合乎实际的、有效的解决问题的方案。

2. 心理学知识

在现代社会中，面对市场竞争、就业压力、生老病死等风险，人们的心理压力增大，个人和群体的心理问题越来越多。社区工作者在解决物质层面问题的同时，还要运用科学的理论和方法解决人们的心理问题。这就要求社区工作者掌握心理学的知识，特别是社会心理学的理论知识，才能帮助社区居民克服忧郁、焦虑、孤立、封闭等不良心理反应，保持心理健康，增强社会生活适应能力。

3. 管理学知识

管理学主要是运用计划、组织、指挥、人事、控制及监督等功能，通过合理利用各种资源和安排各种活动，促进和提升工作的效率和效果，实现组织目标和满足个人需求，包括社会行政管理、组织行为管理、社区经济管理、科学的思想政治工作、电子计算机应用等。社会工作的慈善缘起，使之常常被认为是不计成本、只求付出的感性行为，这些模糊认识阻碍了社会工作向科学、理性的专业和学科方向的发展。社会工作将管理的理念运用于实务工作中，其中计划和评估对社区工作影响最深。计划可以帮助社区工作者收集过去和现在有关服务及社区需要的资料，以便预计未来的发展，并设计和推行最有效和可行的行动计划，来达到机构宗旨和目标。评估则主要帮助社区工作者“交代”和“控制”，使社会确认社区服务的价值和目标，以及通过科学的评估过程来体现服务的效率和效益。

4. 法律知识

现代社会是法制社会，社区工作各项事务的开展，必须有法可依。社会工作中涉及的法律包括《宪法》《民法典》《劳动法》《兵役法》《民事诉讼法》《城市居民委员会组织法》《社会救济法》《未成年人保护法》《老年人权益保护法》《妇女权益保障法》《残疾人保障法》等。政府依法行政、社区依法自治，这是处理政府和社区关系的基本准则。同时，社区工作者在解决社区问题，帮助社区和居民调节各种社会关系时，也会遇到各种法律问题。这就要求社区工作者学习、掌握相关法律知识，善于运用法律的武器，维护社区和居民的权益，依法解决社区矛盾和冲突。

（四）社区工作者的能力素养

在政治素养、道德品质等相同条件的情况下，能力素质的高低，会直接影响到社区工作者的工作效率和工作业绩。社区工作者的能力素质，可以起到以下作用：一是提高工作效率。能力素质较高的社区工作者，一般具有较强的分析判断和决策能力，可以根据现实中复杂多变的具体情况，抓住主要矛盾和问题，协助领导制定出正确的工作方向，抓好关键工作。可以利用较少的人力、物力、财力，实现最佳的资源配置，使工作取得较好的预期效果，提高效率。二是减少工作中的矛盾和阻力。能力素质较高的社区工作者，可以协调各种人际关系，善于解决工作中遇到的各种问题，将可能遇到的矛盾和阻力减少到最低限度。他们能够正确地处理局部与整体、个人与集体之间的关系。在实际工作中，他们可以运用疏通、协调能力，处理各种人际冲突与矛盾，创造良好的工作氛围，使每个人都充分发挥主观能动性，开创性地进行工作。三是树立威望，赢得更多的支持者。实际社区工作中，那些表现出杰出领导才能的社区工作者，会得到上级领导的赏识和信任，得到下属的敬佩和拥护。

社区工作者的能力素质，包括：

1. 意志力

意志指的是人善于控制自己的行为，善于动员自身的力量战胜困难。现实生活中，优秀的领导人不仅有知识，有才华，而且意志坚强，能够依靠坚韧不拔的顽强意志战胜困难。任何一项事业的成功都会有各种困难和挫折，只有凭借顽强的、百折不挠的意志力才能赢得最后的胜利。

2. 创新能力

创新能力是指发现新问题、产生新思路、提出新观点、找出新办法，用前人没有用过的方法和手段解决问题的能力。创新能力是在人的智力得以充分开发，在具备多种基本能力的基础上综合产生的一种更为高级的能力。综合性、复杂性、多变性是社区工作的特点，所以，社区工作者应具有不断进取、开拓创新的能力。尤其是在当今社会，科技进步日新月异，形势复杂多变，工作的动态性更加显著，社区工作者只有善于发现问题、开拓创新、与时俱进，才能使自己在工作上处于主动地位。

3. 应变和情绪控制能力

应变能力主要通过对临场紧急情况的处理表现出来，指具有沉着、灵活、有效地解决问题的能力；对事物变化反应的敏捷性和情绪稳定性，处理突发事件的理智性、周密性与有效性。具有应变能力的人，一般具有如下素质：他们不例行公事，不会因循守旧，也不会墨守成规；他们能够从“平静”的表面及时发现新问题、新情况，探索解决问题的新路子，总结新经验；对工作中出现的新情况，能够倾听各方面意见，认真分析，勇于开拓，提出新设想、新方案。在社区工作过程中，社区工作者对复杂、矛盾情况，根据事物的发展变化，审时度势地随机应变。

情绪控制能力是指在受到较强刺激或处于不利情景中，保持情绪稳定、约束自己行为反应的能力。情绪的稳定性，是保持人们正常理性思维的必要前提。在工作中遇到挫折、受到不公正的批评指责、面对巨大的工作生活压力、个人利益被冲击的情景下，能够克制不满急躁情绪，客观面对别人的过失和各种情形，理性地思考这些问题产生的原因，在此基础上分析解决问题的办法，理智地处理各类问题。

4. 危机驾驭能力

居安思危，防患于未然，是现代公共危机管理的前提和基础。社会转型期也是矛盾多发期，社区工作者必须紧绷危机之弦，树立危机意识和忧患意识，随时做好预防和应对危机发生的准备，做到有备无患。社区工作者的危机意识，还体现为他们对提高社区居民的安全防范意识和危机应急、自救能力的态度。一方面社区工作者要加大宣传力度，建立畅通的信息渠道，保证居民不信谣、不传谣，避免小道消息的传播；另一方面要号召居民注意公共危机发生的可能性，参与社区公共危机管理的演习和训练。

5. 组织协调能力

组织协调能力是指根据工作任务分配资源，控制、激励和协调团队活动过程，并使其相互配合，从而实现组织目标的能力。社区管理者的组织协调能力是指社区工作者在组织社区中的各类人员和单位，消除社区内各种矛盾，调动各方面的积极性，使他们能够相互合作、和谐行动时必须具备的一系列基本技能，这些技能有助于实现社区居民安居乐业和社区和谐发展的目标。

社区组织协调各种的内容纷繁复杂，它贯穿于社区管理全过程。总体来说，社区管理组织协调工作的内容主要包括以下几方面：一是社区与外界环境的组织协调；二是社区内部各种管理主体的组织协调；三是社区工作者与社区居民之间，以及社区居民相互之间的组织协调。社区工作者要运用各种调解纠纷的艺术，化解矛盾，协调关系，增强社区凝聚力，实现社区的和谐。

案例 29

“省最美防疫先锋”泗阳县红光社区党委书记、居委会主任李飞

他是共产党员，他是社区党组织“硬核”书记，他是居民生命健康防线的“守门人”，他是江苏“最美防疫先锋”！

一、硬核书记：“我要对辖区 28640 名居民负责”

李飞在疫情防控工作中，是出了名的“硬核”。疫情一开始，李飞立刻在社区组织成立了防控临时党支部、疫情工作领导小组。从党员应急小分队的组建，到宣传牌匾、音频制作；从建立健全物业快速响应机制，到疫情地返乡人员的走访排查……处处都有他的身影。2020 年 1 月 28 日，大年初四，李飞突然接到上级指挥部来电，告知武汉返乡人员、红光社区某业主因为咳嗽、发烧到县人民医院就诊，按照要求必须立即隔离，但该病患却不配合，并私自离开了医院。关键时刻，群众安危大于天。他第一时间拨通了该业主的电话，推心置腹聊了将近一个小时，业主终于透露出自己在县城某宾馆内。李飞立刻联系 120 急救车，自己同时赶往现场，最终把业主带回了医院。经检查，该返乡人员只是因为着凉引起的发烧，并非新冠肺炎，忙碌一天的李飞终于松了口气。虽是虚惊一场，但李飞说：“疫情面前，耽搁一刻、有一个环节疏漏，后果不堪设想。”

一个口罩就是全部装备的李飞，努力守好每个环节：每日清晨 6 点出门，走遍 1.5 平方公里的 16 个小区，走访排查、督促执勤、解决问题，最忙的一次，四天三夜都没休息。因为胃病严重、身体透支，那天李飞胃疼得直不起腰，同事们赶紧请来护士为他输液，第二天早上上班，大家发现李飞趴在桌上睡着了，办公桌旁边的输液架上挂着四只空吊瓶。“我们说这样不行，强制把他押送回家休息。他也不听，洗个澡就回来了，劝不住。”和“硬核书记”共事，同事们既敬佩又心疼。同样心疼的还有李飞65岁的母亲。报喜不报忧的儿子从来都说一切都好，直到母亲看到电视上的报道，才发现李飞吃住都在单位，连盒饭都没有，吃最多的就是泡面。老母亲又急又气，边哭边打电话：“儿子你怎么骗我呢？外面根本没有卖盒饭的！”因病住院的母亲腊月二十七刚出院，可李飞到现在都没空去看望。作为儿子，李飞对妈妈充满了对不起，身为书记，他不想对不住任何一个辖区居民。“也没什么别的想法，就一个念头，对得起头顶‘书记’这两个字，我要对辖区的28640名群众负责！老妈，疫情过后，我一定回家好好尽孝。”谁不愿轻松一点？只是李飞明白，乡镇地区面积广、人员散、意识弱，是防疫的薄弱环节，一线的基层党员干部，只有全力以赴、不怕繁难、夜以继日、任劳任怨，才能守住社区联防联控这座堡垒。

二、创新书记：“铆足劲，让很多不可能变成可能”

在辖区居民的眼中，李飞的防控工作不仅努力，还善用巧劲，是个实实在在的“创新书记”。“李书记点子很多，我们这臭氧机就是从养猪场搞过来的。”雨润小区的居民骄傲地介绍。居民口中的臭氧机，其实是李飞为了给小区有效消毒，自制的“消毒杀菌通道”。疫情防控时间紧、任务重，各类消毒器材都很吃紧，李飞急中生智，想到搞养猪场的朋友那有臭氧消毒机。于是他立刻联系朋友，借来臭氧机，还配上了两台紫外线灯管和消毒垫，自制了个“粗糙”却有效的消毒通道。居民们说：“臭氧机杀菌，紫外线消毒，消毒垫上踩一踩，省心又放心。”“现在我们就想说联系专家再改进改进，让小区的消毒措施更科学、规范化。”任何事，李飞总想做到更好。这个书记的创新不只在实物上，还在制度上。

疫情发生后，为了外防输入、内防扩散，各小区均对进出行人和车辆采取严管严控的管理办法。“严防死守”刚开始，有些业主不理解，甚至怒怼防控人员：“你凭什么不让我出去？你有什么权利这么做？”遭遇冲突，李飞第一时间赶到现场，当面沟通并安抚好业主们的情绪，但他始终觉得还不够。这天半夜1点，李飞构思的“两票制”出炉了——使用临时通行证，确保每家每户一周可以外出两次，采购、补充生活用品，在严防严控基础上，尽可能保证群众生活质量。雷厉风行的李飞立刻安排印制，第二天早上6点，“两票制”开始在红光社区实行。说起这个制度，居民们评价：“李书记有办法，又周到。一方面给我们讲防控的重要性，一方面也的确帮我们解决问题。到后来大家没有一个不服的。”由于李飞的“两票制”的创新举措有效解决了前期面临的问题，随后被县疫情防控指挥部在全县各社区进行推广。

三、暖心书记：“居家不拘束，隔离不隔爱”

防控工作中，有人说李飞严抓细管，是个“黑脸”干部，但更多同事和群众说他面冷心热，是个“暖心”的社区守门人。1月24日，谢女士一家四口从湖北仙桃返回泗阳，在隔离期间，李飞和同事成了她的专属“代购”，早上列出购物清单，晚上送货上门。暖心书记考虑周全，除了为他们多添菜，还会提供贴心的“增值服务”——“宝宝小给她们带点书，防止在家觉得闷得慌”。雨润广场武汉返泗人员家中未准备足够生活物资，春节生活难以为继，李飞在了解情况后，立即安排人员协助购买，送到居民家中。“每天早晚两次上门，给我们测体温、做心理辅导。早上让我们列好购物清单，等晚上测体温的时候，就全给我们买好了，非常温暖。”由于劝导到位，红光社区内68户疫区返泗居民都被及时隔离。在家进行医学观察的同时，因为李飞书记的暖心，大家都多了一份“居家不拘束，隔离不隔爱”的心安。李飞说：“在保障生活方面，我们要想在群众前面；在抗击疫情方面，我们要站在群众前面。我们的坚守是他们最坚强的依靠，他们的支持是对我们最好的褒奖。”“暖心书记”不仅牵挂着居民，还牵挂着并肩战疫的同事们。为了不让夜班执勤人员受冻，寒冬中，李飞开着自己的私家车，一趟又一趟把保暖物品拉到执勤点；为了保障一线工作人员伙食补给，他借助爱心协会平台的力量，为大家联系到盒饭、面包……同事们说：“李飞书记始终带头家访，第一时间核实情况、第一时间登记备案、第一时间测量体温、第一时间汇总上报。”

作为社区书记，他战斗在前；作为共产党员，他坚守在前。他用实际行动，为我们树立了榜样。在社区，这个疫情防控的“最后一公里”，李飞和无数基层干部们，凭借着责任和担当，成为群众联防联控、自防自控的“主心骨”“顶梁柱”。没有警服、隔离服，冲锋衣就是制服，口罩就是防护；没有誓师会、请战书，接到一份通知、一通电话就即刻出发；没有轰轰烈烈的恢宏伟业，只有踏踏实实、一步一个脚印的无私奉献；虽匹夫之职，然承载大爱。（来源：先锋宿迁，2020年2月5日）

三、社区工作者的人际关系

（一）人际关系概述

良好的人际关系是一个人良好的基本素质的重要方面。美国著名教育家卡耐基指出：一个人事业的成功，只有 15% 是由他的专业技术决定的，另外 85% 则要靠人际关系。

良好的人际关系对人的生活、工作、学习会带来正面的影响，有利于在工作群体中形成宽松、和谐、融洽的气氛，有利于发挥集体的作用，有利于个人保持良好的精神状态，战胜困难，渡过难关。社会工作是一个“接地气”的职业，想要工作顺利开展，离不开顺畅的人际关系做基础。处理好人际关系，左右逢源，处理不好人际关系，举步维艰。社区工作者必须树立良好的人际关系。

树立良好的人际关系有一系列必须遵循的原则[1]，具体到社区工作者，主要有：

1. 界限分明的原则。要严格分清三种界限：工作关系和亲友关系的界限；交往中的职责界限；办公经费、办公用品、礼品的归属。

2. 严己宽人的原则。凡事要严于律己，宽以待人。

3. 平等谦恭的原则。社区工作者在社区的工作本质上是一种服务性工作，只有以平等的态度去待人接物，才能为处理好问题创造良好的气氛和条件。

4. 诚实守信的原则。这是社会交往中普遍性的道德原则，对社区工作者而言更有特殊意义。社区工作者工作本身要求具有很高的信用

[1] 参见李笑主编：《社区工作者提升实务》，经济管理出版社 2014 年版，第 38 页。

度，如果得不到他人的信任，社区工作者很难协调关系，做好工作。

（二）如何处理好与领导的关系

社区工作者与领导的关系，既是上下级关系，又是同事关系。社区工作者要处理好和领导的关系，关键在于有效服务，决定因素是社区工作者自身的才干、品德。为此，应当贯彻以下主要原则：

1. 摆正位置，甘当“配角”。社区工作者与领导在政治上是平等关系，社会角色上是上下级关系，组织上是服从关系，工作上是主辅关系。因此，在工作场域，领导始终是“主角”，社区工作者是“配角”，“配角”要自觉地服从和服务于“主角”，才能同台演好实现社区发展、社区和谐共同目标的“大戏”。

2. 尊重领导，忠诚服务。社区工作者与领导既然是上下级关系，因此，在工作中必须听从领导指挥，尊重领导，服从领导工作安排，做好本职工作。工作积极努力，不怕苦、累、艰险，高标准严要求，精益求精。社区领导是社区工作者在社区开展工作的直接领导，平时社区工作者的一些行动主要由社区领导决定，比如开展怎样的活动、活动经费、调休等，同样，社区工作者需要经常与领导交流，定期汇报工作，说明活动开展情况，以及社区问题和需求。

3. 积极进言，善于沟通。社区工作者既然要尊重领导，服从领导的工作安排，那么，社区工作者有无向领导进言的责任呢？回答是肯定的。从领导角度看，从来没有一贯正确的“上智”，“智者千虑，必有一失”，只有“纳谏”，才能防止和改正错误。领导在制定决策时，社区工作者可以参与决策，在执行决策的过程中及时反馈，平常向领导提出建议。

在职业生涯中立足与发展，应学会更好地理顺和领导的关系，这几点非常重要：了解领导、积极工作、仔细聆听、言简意赅、诚实守信、遵规守纪。

（三）如何处理与同事的关系

同事，是指共同做事的人。同事关系的性质是分工合作，平等共事，良性竞争，有序互动。

在一个集体中，在共同的直接领导的组织指挥下，同事之间，各自工作既有分工又有合作，有的是长期的固定分工，有的是为完成某一项任务的临时分工，但必须共同努力才能较好地完成任务。同事之间，存在着对某一项任务的主要承担者和协同工作者的区别，各自分管业务范围不同的区别，个人的学识、能力、性格、爱好、习惯等不同的区别。工作上有合作也有竞争。没有竞争就没有活力，没有合作也难以取得成功。但竞争是合作中的竞争，是在共同目标下充分发挥各自才智的良性竞争，是共同进步的竞争。同事关系的最佳状态是团结和谐、活泼有序、配合默契、奋进舒畅，具有凝聚力、战斗力、创造力。要达到这种状态，要求每个工作人员在工作上不怕苦、不惜力，不挑、不拣、不推、不抢，不拈轻怕重，不推卸责任。

社区工作者与人合作共事要全心全意、尽心尽力，不计个人得失。取得成绩，受到表扬，不炫耀自己的贡献，更不要争功、争名、争利。荣誉面前，得让有据，得得让人心服口服，让得也合情合理，不故作矫情，借以抬高自己。要严于律己，宽以待人，工作出了差错，不推不瞒，先检查自己，勇于承担责任。如果是同事有所失误，应友善帮助、补救。

与同事相处，必须坦诚大度、谦让热情、明理守信、真诚合作。同事性格各异，应学会与不同性格的人和睦相处，团结、配合、包容。

（四）如何处理与居民的关系

社区工作的对象是整个社区和社区全体居民，由于工作的需要，社区工作者往往要接触各种不同年龄、性别、民族、背景、职业的居民，并与他们建立关系，了解他们的问题和需要，把他们组织起来共同研究、策划和推行工作等。不同阶层、不同职业群体的社区居民，其生活方式也有相当的差异，社区工作者需要具备与各类社区居民交往的能力。通过社区工作者与社区居民的接触，引发社区居民关注社区事件，鼓励居民参与社区事务，组织社区居民通过参与解决社区问题，增进社会归属感；推动居民建立互助网络，鼓励居民发扬守望相助的精神。在为社区服务、与居民接触的过程中，尤其是要注意以下几点：

1. 关心社区居民。社区工作者需要经常与社区的居民进行接触，除了开展活动时沟通，平时也要在楼院内走访，熟悉居民、楼院的情况，了解居民需求。除此之外，针对社区特殊居民，如低保、伤残、独居老人、失独老人等群体，社区工作者要重点关注他们的生活状况和日常需求，开展具体服务，通过走访入户，增加与社区特殊居民的接触，建立良好的专业关系。

2. 关注居民队伍、团体。社区的居民队伍和团体成员一般是社区中比较活跃的人，富有热情，积极性也高，是重要的社区志愿后备军，在活动方面能够给社区工作者提供大量的协助和配合，可以作为社工前期工作的突破口，也是后期的持续支持力量。

3. 重视楼栋长、党组织小组长。他们对楼院内的基本情况和居民有十分详细的了解，通过他们社区工作者可以收集到居民的很多信息，便于掌握居民的实际需求，另外，他们在居民中的威望也较高，可以帮助社区工作者充分调动居民的积极性，大大提高居民的参与度。

4. 发掘社区能人。这类人群大多担任或者担任过某些职务，拥有某项特殊的技能，比如舞蹈、绘画、书法、手工等，他们有的乐于表现出来，有的则比较低调，因此需要社区工作者花费时间和精力去挖掘，在培育社区居民组织和开展服务活动时，这些社区能人可以成为非常优质的资源。

附录：
江苏省城乡网格化服务管理办法

第一章　总　则

第一条　为了规范城乡网格化服务管理工作，完善基层社会治理机制，打造共建共治共享的社会治理格局，推进省域治理体系和治理能力现代化，根据有关法律、法规，结合本省实际，制定本办法。

第二条　本省行政区域内城乡网格化服务管理以及相关活动，适用本办法。本办法所称的城乡网格化服务管理，是指在城乡社区及其他特定管理区域之内统一划分网格，整合各方面力量，配备服务管理人员，综合运用人力资源、科技信息化等多种手段，通过网格提供服务和进行管理的活动。

第三条　网格化服务管理应当坚持党委领导、政府负责、民主协商、社会协同、公众参与、法治保障、科技支撑的原则。

各地要充分发挥基层党组织在网格化服务管理工作中的领导作

用，加强统筹谋划，推动社会治理和服务重心向基层下移，构建基层社会治理新格局。

第四条 县级以上地方人民政府负责统筹组织、协调、指导、监督网格化服务管理工作。

县级以上地方人民政府公安、民政、司法行政、财政、人力资源社会保障、市场监督管理、政务服务管理等有关部门和单位（以下简称网格化联动部门）按照各自职责做好城乡网格化服务管理相关工作。

乡镇人民政府、街道办事处负责本辖区内城乡网格化服务管理具体工作。

第五条 设区的市、县（市、区）、乡镇（街道）应当设立或者明确网格化服务管理部门或者机构（以下简称网格化机构），与同级社会治安综合治理中心一体化运行，承担城乡网格化服务管理和社会治理工作的组织协调、指挥调度、联动处置、跟踪反馈、监督检查、绩效考评等工作。

第二章 网格和网格员

第六条 本办法所称网格，是指在城乡社区及其他特定管理区域之内划分的基层服务管理单元。网格分为综合网格和专属网格。

综合网格，是指在城市社区以居民小区、楼栋等为基本单元，在农村以自然村落、村民小组或者一定数量住户为基本单元划分的网格。城市社区综合网格一般为三百户至五百户，农村综合网格一般为三百户。

专属网格，是指以城乡社区范围内行政中心、各类园区以及企业事业单位等为基本单元划分的网格。

第七条 网格由县（市、区）网格化机构会同相关部门、单位统一划分，并根据工作需要适时调整。网格的划分和调整情况应当及时报设区的市网格化机构备案。

第八条 设区的市网格化机构应当根据省网格编码编制规范，组织编制本行政区域内的网格编码。网格编码具有唯一性。

第九条 城乡网格化服务管理工作主要包括下列事项：

（一）宣传法律、法规和国家方针政策；

（二）依法采集、登记、核实网格内的实有人口、房屋、单位、标准地址等基础数据、动态信息；

（三）排查上报网格内社会治安问题情况和公共安全隐患；

（四）协助开展突发事件预防处置、一般治安事件处置和重大活动安全保卫工作；

（五）协助排查处置网格内信访、家庭暴力和民间纠纷以及其他影响社会稳定的矛盾问题；

（六）协助村（社区）便民服务中心为网格内村（居）民提供便民、利民服务以及就业创业、社会保障、民政、卫生健康、税务等民生公共服务；

（七）协助人民法院开展文书送达、执行相关工作，协助排查走访社区矫正对象、刑满释放人员、吸毒解戒人员和肇事肇祸的严重精神障碍患者、生活无着的流浪乞讨人员等重点人群管理工作；

（八）协助村（居）民委员会、村（居）民小组开展村（居）民自治和民主议事协商；

（九）协助开展平安建设、新时代文明实践和民族团结进步创建等活动；

（十）协助开展反渗透、反间谍、反分裂、反恐怖、反邪教等安全防范工作；

（十一）协助做好涉及住房城乡建设、生态环境、城市管理等相关工作；

（十二）县级以上地方人民政府决定通过网格开展的其他事项。

第十条 县（市、区）网格化机构应当会同有关部门编制网格服务管理事项清单，向社会公布并动态调整。

纳入清单的网格服务管理事项，由网格化机构统一组织实施的，相关部门应当将相应的力量、资源、经费下沉到网格。

第十一条 网格员是指在网格中从事服务管理工作的人员，包括网格长、专职网格员和兼职网格员。综合网格的网格长和专职网格员是城乡社区工作者的组成部分。

第十二条 网格长负责组织协调网格内的服务管理工作。

网格长应当由城乡社区党组织、村（居）民委员会除主要负责人以外的组成人员或者专职网格员担任，由乡镇（街道）网格化机构会同城乡社区党组织、村（居）民委员会确定。

第十三条 专职网格员具体从事所在网格的服务管理工作。

专职网格员主要从现有社区工作者和相关部门基层辅助人员中选任。确实需要又具备条件另行招聘专职网格员的，由乡镇人民政府、街道办事处会同县（市、区）网格化机构、人力资源社会保障和民政部门按照规定统一招聘。

城市综合网格应当配备专职网格员，有条件的农村综合网格根据需要配备专职网格员。

第十四条 担任专职网格员，应当具备下列条件：

（一）拥护中国共产党领导，遵守法律、法规，品行端正；

（二）年满十八周岁的中华人民共和国公民；

（三）具有符合岗位要求的文化程度和工作能力；

（四）具备履行职责的身体条件以及其他应当具备的条件。

具有下列情形之一的人员，不得担任专职网格员：

（一）受过刑事处罚或者涉嫌犯罪尚未结案的；

（二）曾被行政拘留、司法拘留的；

（三）曾被国家机关、事业单位开除公职的；

（四）被依法列为失信联合惩戒对象的；

（五）法律、法规、规章规定的其他情形。

第十五条 兼职网格员协助网格长、专职网格员开展工作，可以由国家工作人员、人大代表、政协委员、人民调解员、村（居）民代表以及各类志愿者等人员担任。

第十六条 网格员接受乡镇（街道）网格化机构和村（居）民委员会管理，履行网格服务管理职责。

乡镇（街道）网格化机构应当制定网格员工作职责，督促网格员下沉网格，贴近服务对象，常态化走访网格内群众、企业，收集服务需求，及时记录社情民意，做好上情下达和下情上传工作。

任何单位和个人不得要求网格员从事下列工作：

（一）超出当地网格服务管理事项清单中应当由网格员实施的事项；

（二）实施行政许可、行政处罚、行政强制措施等依法应当由行政机关工作人员实施的事项；

（三）违反法律、法规、规章规定的事项。

网格员依法履行职责的行为受法律保护。

第十七条 网格员不得有下列行为：

（一）泄露国家秘密、商业秘密或者个人隐私；

（二）利用工作之便为自己或者他人谋取私利；

（三）在工作中弄虚作假、推诿塞责；

（四）态度蛮横、行为粗暴或者故意刁难服务管理对象；

（五）其他违法违纪行为。

第十八条 县（市、区）网格化机构应当统一专职网格员标志标识，发放工作证件。

县（市、区）人民政府和乡镇人民政府、街道办事处应当为网格员配备必要的装备设备。

第十九条 乡镇人民政府和街道办事处应当在村（居）民主要活动场所或者显著位置公布网格名称、区域范围和网格长、专职网格员的姓名、联系方式等信息。专职网格员和网格范围调整的，应当及时更新相关信息。

县（市、区）网格化机构和乡镇（街道）网格化机构应当向社会公布监督电话等举报渠道，接受单位和个人对网格员的投诉、举报，并依法及时处理。

第二十条 县级以上网格化机构应当建立健全网格员选用退出、工作规范、绩效考核、教育培训、抚恤优待、人员档案等制度。

第三章 网格多元共治

第二十一条 网格化联动部门对负责办理的网格服务管理事项，应当按照规定办结并反馈；对委托网格承担的工作任务，应当对网格员进行业务指导，提供服务支持；对掌握的网格化服务管理数据，应当按照规定汇入网格化数据中心共享共用。

第二十二条 网格化机构应当为法官、检察官、人民警察、律师、信访工作人员、人民调解员、法制宣传员等进入网格开展法治宣传、便民服务、排查化解矛盾纠纷提供协助和保障。

第二十三条　网格化机构应当协调工会、共青团、妇联、残联等人民团体发挥自身优势，协助做好城乡网格化服务管理工作。

第二十四条　各级地方人民政府应当通过政府购买服务、公开竞争、公益创投等方式，培育引导城乡社区服务等社会组织实施网格化服务项目。

第二十五条　鼓励志愿服务组织和志愿者参与城乡网格化服务管理，开展各类便民、惠民等志愿服务。

第二十六条　县（市、区）网格化机构、乡镇人民政府、街道办事处和村（居）民委员会应当促进网格化服务管理与基层群众自治的有效衔接，拓宽村（居）民参与城乡网格化服务管理的渠道，引导村（居）民参与城乡网格化服务管理工作，实现群众自我管理、自我教育、自我服务。

第四章　网格联动和信息化

第二十七条　设区的市、县（市、区）应当推动社会治理机构一体化建设，实现平安建设、矛盾纠纷调处、信访接待、公共法律服务以及网格化服务管理等一体化运行。

网格化联动部门根据需要安排人员派驻网格化机构，开展网格化服务管理相关工作。

第二十八条　设区的市、县（市、区）网格化机构应当加强网格化服务管理的信息化建设，按照全省统一的数据、功能标准建设网格化社会治理智能应用平台（以下称网格化平台）。

第二十九条　单位和个人可以通过网格化平台、网格员等提出网格化服务管理需求。通过网格员提出的服务管理需求，应当录入网格化平台。

网格联动部门对网格化机构交办的服务管理需求应当及时办理，并通过网格化平台反馈办理情况。网格化机构应当将办理结果告知提出需求的单位和个人。

第三十条　网格服务管理中发现重大矛盾纠纷、问题隐患、群体性事件、突发性事件以及其他重大紧急情况的，网格长、专职网格员应当及时向乡镇（街道）网格化机构报告，乡镇（街道）网格化机构应当及时处理，并按照规定向有关部门报告。

第三十一条　网格化机构应当加强网格化信息安全管理，严格落实信息系统安全管理责任，建立安全管理和应急处置机制，确保数据安全。

第五章　保障措施

第三十二条　城乡网格化服务管理工作经费由县（市、区）人民政府、乡镇人民政府（街道办事处）统筹保障。

第三十三条　专职网格员享受城乡社区工作者薪酬待遇。有条件的地方可以建立与网格员业绩挂钩的绩效奖励和工作补助机制，其他兼职网格员可以按照规定发放工作补助。

第三十四条　网格长和专职网格员享有基本养老、医疗、失业、工伤、生育等社会保险保障待遇，有条件的地方可以为其建立住房公积金。

乡镇人民政府、街道办事处可以为网格员办理人身意外伤害保险等商业保险。

第三十五条　网格化服务管理工作应当纳入地方各级人民政府

绩效管理，由网格化机构具体负责考核评议。

第三十六条　地方各级人民政府及其有关部门对在网格化服务管理工作中作出突出贡献的单位和个人，根据规定给予表扬和奖励。对表现突出的网格长和专职网格员，可以优先晋升岗位等级；在招聘事业单位或者国有企业工作人员、选拔乡镇（街道）干部时同等条件下可以优先考虑。女性网格长和专职网格员，可以优先发展为村（居）妇联执委。

第三十七条　设区的市、县（市、区）人民政府应当建立健全网格员职业技能培训机制。可以依托行政学院、高等院校、职业院校、社区教育机构等，设立网格学院、培训专业、培训中心、培训项目等，通过拓展线上培训平台，开发数字教育资源，开展网格员服务管理专业技能和业务培训，提高网格员的综合素质和水平。

第三十八条　地方各级人民政府及其有关部门、新闻媒体应当广泛宣传网格化服务管理工作，推广先进典型和经验做法，引导社会各方主动参与网格化服务管理，营造共建共治共享的良好氛围。

第六章　法律责任

第三十九条　违反本办法规定，在网格化服务管理工作中，有关国家机关及其工作人员滥用职权、玩忽职守、徇私舞弊的，对直接负责的主管人员和其他直接责任人员依法给予处分；构成犯罪的，依法追究刑事责任。

第四十条　网格员因履行职责，侵犯单位和个人合法权益造成损害的，由乡镇人民政府、街道办事处承担法律责任。乡镇人民政府、街道办事处认为不属于其责任承担范围的，可以提请县（市、区）人民政府确定责任承担主体。

第四十一条 任何单位或者个人对网格员及其近亲属实施滋扰、恐吓、威胁、侮辱、殴打、诬告、陷害、侵犯隐私等行为，构成违反治安管理行为的，由公安机关依法处罚；构成犯罪的，依法追究刑事责任；造成人身、财产损害的，依法承担民事责任。

第七章 附 则

第四十二条 专属网格实行主管部门和属地双重管理，其服务管理工作纳入城乡网格化服务管理体系。专属网格服务管理工作由网格所在单位负责，参照本办法有关规定执行。

第四十三条 设区的市人民政府可以根据本办法，结合本地区实际制定实施细则。

第四十四条 本办法自 2021 年 1 月 1 日起施行。

后　记

习近平总书记指出："创新社会治理，要以最广大人民根本利益为根本坐标，从人民群众最关心最直接最现实的利益问题入手。""要深入调研治理体制问题，深化拓展网格化管理，尽可能把资源、服务、管理放到基层，使基层有职有权有物，更好为群众提供精准有效的服务和管理。"网格化社会治理，是中国改进社会治理方式、创新社会治理体制的独特手段。网格化社会治理推行的模式，以层级负责为基础，以智能平台为媒介，以提高效率为目标，运用互联网信息化手段为支撑，打破各个职能部门之间的界限，引导多元主体形成组合力量参与到社会治理活动中，共同为群众提供精细化服务，确保在网格内发现安全隐患、解决群众诉求、化解各类矛盾，实现全方位服务和全覆盖管理。网格化社会治理推动了社会治理由粗放式管理模式向精细化服务模式转变，由静态指派任务向主动动态更新进程转变，由领域分散、条块分割向统一平台、集中资源转变，由局部碎片式管理向全面整体性治理转变。

本书是江苏省社会科学基金项目"江苏网格化治理机制创新

研究”的最终成果，由南京晓庄学院旅游与社会管理学院课题组完成，主要研究内容包括：网格化社会治理的原则、基本任务、条件保障、功能；网格化社会治理的现实背景、历史经验、当代实践；网格化社会治理实践中面临的问题；优化网格化社会治理机制的建议；社会工作介入网格化社会治理的实践探索；网格化社会治理的主体——社区工作者（网格员）的使命和素质修养。该研究主要通过案例介绍各地网格化社会治理的实践探索。

本书写作过程中，参考和引用了许多学者的理论和实务研究成果，在书中已经分别予以标注，在此，对书中引用的相关学者表示由衷的感谢。作为课题研究成果，本书凝聚了课题组全体老师的智慧和力量。但由于我们学术水平有限，理论基础不足，书中难免存在不当之处，恳请各位专家、学者批评指正。

许爱花

2023 年 11 月

图书在版编目(CIP)数据

网格化社会治理机制创新研究/许爱花，段继业著
. 一上海：上海人民出版社，2023
ISBN 978－7－208－18638－5

Ⅰ.①网…　Ⅱ.①许…　②段…　Ⅲ.①社会管理-研究-中国　Ⅳ.①D63

中国国家版本馆 CIP 数据核字(2023)第 214441 号

责任编辑　王笑潇
封面设计　零创意文化

网格化社会治理机制创新研究
许爱花　段继业 著

出　　版　上海人民出版社
　　　　　（201101　上海市闵行区号景路 159 弄 C 座）
发　　行　上海人民出版社发行中心
印　　刷　上海商务联西印刷有限公司
开　　本　635×965　1/16
印　　张　14
插　　页　2
字　　数　201,000
版　　次　2023 年 12 月第 1 版
印　　次　2023 年 12 月第 1 次印刷
ISBN 978－7－208－18638－5/C・704
定　　价　68.00 元